DET HAVSMAD KOGEBOG

LÆKKER HUMMER, REJER, SKAMMEN OG LAKS OPSKRIFTER

Felix Berg

Alle rettigheder forbeholdes.

Ansvarsfraskrivelse

Oplysningerne i denne e-bog er beregnet til at tjene som en omfattende samling af strategier, som forfatteren af denne e-bog har forsket i. Resuméer, strategier, tips og tricks er kun anbefalinger fra forfatteren, og læsning af denne e-bog garanterer ikke, at ens resultater nøjagtigt vil afspejle forfatterens resultater. Forfatteren af e-bogen har gjort alle rimelige anstrengelser for at give aktuelle og nøjagtige oplysninger til e-bogens læsere. Forfatteren og dens medarbejdere vil ikke blive holdt ansvarlige for eventuelle utilsigtede fejl eller udeladelser, der måtte blive fundet. Materialet i e-bogen kan indeholde oplysninger fra tredjeparter. Tredjepartsmateriale består af meninger udtrykt af deres ejere. Som sådan påtager forfatteren af e-bogen sig ikke ansvar eller ansvar for noget tredjepartsmateriale eller udtalelser.

E-bogen er copyright © 2022 med alle rettigheder forbeholdt. Det er ulovligt at videredistribuere, kopiere eller skabe afledt arbejde fra denne e-bog helt eller delvist. Ingen dele af denne rapport må gengives eller gentransmitteres i nogen form for reproduceret eller gentransmitteret i nogen som helst form uden skriftligt udtrykt og underskrevet tilladelse fra forfatteren.

INDHOLDSFORTEGNELSE

INDHOLDSFORTEGNELSE..**4**
INTRODUKTION...**8**
HUMMER..**9**
    1. HUMMER THERMIDOR MED NEWBURG SAUCE.........................10
    2. MAINE HUMMER RULLE...13
    3. FYLDT HUMMER THERMIDOR...16
    4. HUMMER MED VANILJE..19
REJE..**21**
    5. KRYDREDE GRILLEDE REJER...22
    6. GRILLEDE URTEDE REJER...25
    7. REJER EN BROCHETTE..28
    8. REJEPAKKER..30
    9. BASILIKUM REJER...32
    10. GRILLEDE BACONINDPAKKEDE REJER....................................34
    11. GRILLEDE REJER...36
    12. ALABAMA REJEBAGE..38
    13. NÆSTEN REJER PAESANO...40
    14. RISOTTO MED BØNNE OG REJER..42
    15. ØL-STEGTE REJER...45
    16. KOGTE GULF SHRIMP...47
    17. RÉMOULADE SAUCE...49
    18. CALIFORNIEN SCAMPI...51
    19. CHAMPAGNE REJER OG PASTA..53
    20. KOKOSREJER MED JALAPEÑO JELLY.....................................56
    21. KOKOS TEMPURA REJER...58
    22. CORNSICLES MED REJER OG OREGANO................................61
    23. CREMET PESTO REJER..64

24. Delta rejer..66
25. Flødecreme...68
26. Aubergine kanoer...70
27. Hvidløg rejer...73
28. Grillede marinerede rejer.......................................76
29. Texas rejer...78
30. Hawaiiske rejespyd..80
31. Honning-timian grillede rejer.................................82
32. Ristet hvidløgsmarinade..85
33. Varme og krydrede rejer..87
34. Italienske stegte rejer..90
35. Jerk rejer med søde jamaicanske ris.....................92
36. Stegte rejer med citron-hvidløg.............................94
37. Lime Peber rejer..96
38. Louisiana Shrimp Esplanade.................................98
39. Malibu Stir Fry Rejer..100
40. Bagte rejer...102
41. Virkelig fed rejesalat..104
42. M-80 stenrejer...106
43. Toast af byen...110
44. Rejer a la Plancha over Saffron Allioli Toasts....113
45. Rejekarry med sennep...117
46. Reje karry..119
47. Rejer i hvidløgssauce..122
48. Rejer i sennepsflødesauce..................................124
49. Gazpacho..126
50. Rejer Linguine Alfredo...129
51. Rejer Marinara..131
52. Rejer Newburg..133
53. Krydrede marinerede rejer..................................135
54. Krydrede Singapore-rejer...................................138
55. Starlight rejer..140

BLÆKSPRUTTE...142

56. Blæksprutte i rødvin..143
57. Syltet blæksprutte..146
58. Blæksprutte kogt i vin...149
59. Siciliansk grillet baby blæksprutte.......................................151

SKAMLINGER..154

60. Seafood Pot Pie...155
61. Bagte kammuslinger med hvidløgssauce..........................158
62. Kammuslinger provencalsk...160
63. Kammuslinger med hvid smørsauce.................................162

KLULLE..165

64. Kuller med urtesmør..166
65. Cajun krydret kuller...169
66. Kuller, porre og kartoffelsuppe..171
67. Røget kuller og tomatchutney..173

LAKS...176

68. Magisk bagt laks..177
69. Laks med granatæble og quinoa......................................179
70. Bagt laks og søde kartofler..182
71. Bagt laks med sorte bønnesauce.....................................185
72. Paprika grillet laks med spinat...188
73. Laks Teriyaki med grøntsager..191
74. Laks i asiatisk stil med nudler..195
75. Pocheret laks i tomat hvidløgsbouillon............................198
76. Pocheret laks..201
77. Pocheret laks med grøn urtesalsa....................................203
78. Kold pocheret laksesalat..206
79. Pocheret laks med sticky rice..210
80. Citrus laksefilet..214
81. Lakse Lasagne..217
82. Teriyaki laksefileter..221
83. Sprød skind laks med kapersdressing..............................224

84. Laksefilet med kaviar..227
85. Ansjosgrillede laksebøffer..231
86. BBQ røggrillet laks...234
87. Kulgrillet laks og sorte bønner...237
88. Firecracker grillet Alaska laks..241
89. Flash grillet laks...244
90. Grillet laks og blækspruttebl ækpasta..................................247
91. Laks med grillede løg...250
92. Ceder planke laks...254
93. Røget hvidløgslaks...257
94. Grillet laks med friske ferskner..259
95. Røget laks og flødeost på toast..263
96. Ingefær grillet laksesalat..266
97. Grillet laks med fennikelsalat..269
98. Grillet laks med kartoffel og brøndkarse.........................272

SVÆRDFISK..**276**
99. Mandarin sesam sværdfisk..277
100. Krydrede sværdfiskbøffer...280

KONKLUSION...**282**

INTRODUKTION

Der er få ting i livet, der smager så lækkert og guddommeligt på din tunge som en frisklavet eller en ekspert tilberedt hummer, rejerad eller tallerken med tun. Hvis du aldrig har kendt smagen af krabber eller skaldyr, der smelter i munden, er denne bog noget for dig!

Der er så mange velsmagende måder at inkorporere fisk og skaldyr i din måltidsforberedelse. Det er en sund og lækker måde at spise magert, mættende protein på og en rygrad i middelhavskosten.

Opskrifterne herunder inkluderer laks, rejer, kammuslinger, blæksprutter og kuller. Hver opskrift er forholdsvis nem at lave og fuld af en utrolig smag. Der er lidt noget for enhver smag, fra rejer stegte ris til pesto laks til perfekt svejsede kammuslinger

HUMMER

1. Hummer Thermidor med Newburg Sauce

ingredienser
Sovs
- 3 spsk smør
- 1 kop muslingejuice
- 1/4 til 1/2 kop mælk
- 1/2 tsk paprika
- Knivspids salt
- 3 spsk sherry
- 2 spiseskefulde universalmel
- 4 spsk let creme

Hummer
- 5 ounce hummerkød, skåret i 1-tommers stykker
- 1 spsk finthakkede peberfrugter
- 1/2 kop tykke skiver svampe
- 1 spsk hakket purløg
- Smør til sautering
- 1 spsk sherry

Newburg sauce
- 1/2 til 1 kop revet cheddarost
- Forvarm ovnen til 350 grader F.

Vejbeskrivelse
a) Smelt smør over middel lavt blus. Når det er helt smeltet, tilsæt paprika og rør i 2 minutter. Tilsæt melet til smørret og rør i 2 til 3 minutter for at koge rouxen. Rør konstant for at undgå brænding. Tilsæt muslingsaften og rør, indtil fortykkelsen begynder. Tilsæt 1/4

kop mælk, let fløde og sherry. Lad det simre i 5 minutter, og tilsæt om nødvendigt den resterende 1/4 kop mælk.

b) Over medium varme smelter du nok smør til let at dække bunden af en tung, stor sauterpande. Kom hummer, purløg, peberfrugter og svampe i gryden og rør rundt i 3 til 4 minutter. Øg varmen til høj, og tilsæt sherryen for at deglaze panden. Vær forsigtig, da sherryen kan flamme op, da alkoholen brænder af.

c) Rør 4 ounce Newburg-sauce i og rør i 1 minut. Hæld i en enkelt portionsgryde og drys med osten. Bages i cirka 5 minutter eller indtil osten er smeltet og er boblende.

2. Maine hummer rulle

ingredienser
- Fire 1- til 1 1/4-pund hummere
- 1/4 kop plus 2 spsk mayonnaise
- Salt og friskkværnet peber
- 1/4 kop selleri i fint tern
- 2 spsk frisk citronsaft
- Knip cayennepeber
- 4 topdelte hotdogboller
- 2 spsk usaltet smør, smeltet
- 1/2 kop revet Boston-salat

Vejbeskrivelse

a) Forbered et stort is-vandbad. I en meget stor gryde med kogende saltet vand koges hummerne, indtil de bliver lyserøde, cirka 10 minutter. Brug en tang til at kaste hummerne i is-vandbadet i 2 minutter, og dræn derefter.

b) Vrid hummerhaler og klør af og fjern kødet. Fjern og kassér tarmvenen, der løber langs hver hummerhale. Skær hummerkødet i 1/2-tommers stykker og dup det tørt, overfør det derefter til en si over en skål og stil det på køl, indtil det er meget koldt, mindst 1 time

c) I en stor skål blandes hummerkødet med mayonnaisen og smages til med salt og peber. Vend selleri i tern, citronsaft og cayennepeber, indtil det er godt blandet.

d) Varm en stor stegepande op. Pensl siderne af hotdog-bollerne med det smeltede smør og rist ved moderat varme, indtil de er gyldenbrune på begge sider. Overfør hotdog-bollerne til tallerkener, fyld dem med strimlet salat og jomfruhummersalaten og server straks.

3. Fyldt hummer Thermidor

ingredienser
- 6 (1 pund) frosne hummerhaler
- 10 spsk smør, smeltet
- 1 kop friske champignon i skiver
- 4 spsk mel
- 1 tsk tør sennep
- 2 streger stødt muskatnød
- 2 streger cayennepeber
- 1 tsk salt
- 1 kop mælk
- 1 kop halv-og-halv
- 2 æggeblommer, let pisket
- 1 tsk citronsaft
- 2 spsk sherryvin
- 1/2 kop fine brødkrummer
- 2 spsk revet parmesanost

Vejbeskrivelse
a) Forvarm ovnen til 450 grader F.
b) Læg hummerhaler i en stor gryde med kogende vand og læg låg på. Kog indtil de er møre, cirka 20 minutter; dræne.
c) Skær hver hale i halve på langs og skær hummerkød i tern. Læg tomme hummerhaler til side.
d) Hæld 1/4 kop smør i gryden; tilsæt svampe og sauter indtil de er let brunede. Bland mel i og bland krydderier i. Tilsæt mælk og halv-og-halvt gradvist til blandingen, under konstant omrøring, indtil det er tykt. Tilføj en lille

mængde varm blanding til æggeblommer under konstant omrøring; vend derefter æggeblommeblandingen tilbage til flødesauce, igen under konstant omrøring og kog indtil den er tyknet. Rør citronsaft, sherry og hummerkød i; ske i hummerskaller. Kombiner brødkrummer, parmesanost og det resterende smør; drys over fyldte hummerhaler. Placer på en bageplade og bag ved 400 grader F i 15 minutter.

Serverer 6.

4. Hummer med vanilje

ingredienser
- Lev 1 1/2 pund hummer per person
- 1 løg
- 1 fed hvidløg
- Tomater, flåede og finthakkede
- Lidt vin eller fiskefond
- Smør
- Sherry
- Vanille ekstrakt
- cayennepeber

Vejbeskrivelse

a) Skær hummeren i halve. Knæk kløerne og skær halen gennem leddene. Smelt en klat smør i en kraftig sauterpande, steg løg og hvidløg forsigtigt. Tilsæt hummerstykkerne og kog, indtil de bliver røde, før du fjerner dem til et varmt sted.

b) Skru nu op for varmen og tilsæt resten af ingredienserne, undtagen vanilje, smør og cayenne. Reducer tomaterne, indtil de er en boblende grød, skru derefter ned for varmen og tilsæt smørret i stykker og rør rundt for at forhindre saucen i at skille sig.

c) Til sidst tilsættes en halv teskefuld vanilje og en shake cayenne. Hæld saucen over hummeren og server med ris.

REJE

5. Krydrede grillede rejer

Serverer 6

ingredienser

- 1/3 kop olivenolie
- 1/4 kop sesamolie
- 1/4 kop frisk hakket persille
- 3 spiseskefulde Spicy Chipotle BBQ Sauce
- 1 spiseskefuld hakket hvidløg
- 1 spsk asiatisk chilesauce 1 tsk salt
- 1 tsk sort peber
- 3 spiseskefulde citronsaft
- 2 lbs. store rejer, pillede og de-årede
- 12 træspyd, opblødt i vand
- Gnide

Vejbeskrivelse

a) Pisk olivenolie, sesamolie, persille, spicy chipotle BBQ sauce, hakket hvidløg, chilesauce, salt, peber og citronsaft sammen i en røreskål. Sæt cirka 1/3 af denne marinade til side, så du kan bruge den, mens du griller.

b) Læg rejerne i en stor, genlukkelig plastikpose. Hæld den resterende marinade i og luk posen. Stil på køl i 2 timer. Forvarm Good-One®-grillen til høj varme. Træk rejer på spyd, piercing én gang nær halen og én gang nær hovedet. Kassér marinaden.

c) Olie grillrist let. Kog rejer i 2 minutter på hver side, indtil de er uigennemsigtige, og dryp ofte med reserveret marinade

6. Grillede urtede rejer

Serverer 4

ingredienser

- 2 lbs. pillede og udhulede jumborejer ¾ kop olivenolie
- 2 spsk friskpresset citronsaft 2 kopper hakket frisk basilikum
- 2 fed hvidløg, knust
- 1 spsk hakket persille 1 tsk salt
- ½ tsk oregano
- ½ tsk friskkværnet sort peber

Vejbeskrivelse

a) Læg rejer i et enkelt lag i et lavt fad af glas eller keramik.
b) I en foodprocessor blendes olivenolien med citronsaften.
c) Dæk til og stil på køl i 2 timer. Rør rejerne 4 til 5 gange under marinering.
d) Forbered grillen.
e) Smør grillristen let med olie.
f) Læg rejerne på den olierede rist (kan stikkes af hvis det ønskes) over de varme kul og grill i

3 til 5 minutter på hver side, indtil de er let forkullet og gennemstegte. Kog ikke for meget.

g) Server straks.

7. Rejer en brochette

Serverer 4 (forretterportioner)

ingredienser

- ½ spsk varm sauce
- 1 spsk Dijon-stil sennep 3 spsk øl
- ½ pund store rejer, pillede og udhulet
- 3 skiver bacon, skåret på langs i 12 strimler
- 2 spsk lys brun farin

Vejbeskrivelse

a) Bland den varme sauce, sennep og øl i røreskålen.
b) Tilsæt rejerne og vend dem til ensartet pels. Stil på køl i mindst 2 timer. Dræn og gem marinaden. Pak hver reje ind med en stribe bacon.
c) Træk 3 rejer på 4 dobbeltspyd. Læg brochetterne i en lav skål og hæld den reserverede marinade i. Drys rejerne med sukker. Stil på køl i mindst 1 time
d) Forbered Good-One Grill. Læg brochetterne på grillen, hæld marinaden over dem, og luk låget. Kog i 4 minutter, vend dem derefter, luk låget og kog i 4 minutter.
e) Server straks

8. Rejepakker

ingredienser

- 4 lbs. Store rejer
- 1 kop smør eller margarine
- 1 stort fed hvidløg, hakket
- 1/2 tsk sort peber
- 1 tsk salt
- 1 kop persille, hakket

Vejbeskrivelse

a) Pil og rens rejer
b) Flødesmør; tilsæt de resterende ingredienser til smørret og bland godt. Klip 6 (9-tommer) strimler af kraftig aluminiumsfolie. Skær derefter hver strimmel i halve. Fordel rejer ligeligt på hvert stykke folie. Top hver med 1/12 af smørblandingen, bring folie op omkring rejer; drej tæt for at forsegle. Læg rejepakker på gløder. Kog 5 minutter.

Gør 12 pakker

9. Basilikum rejer

ingredienser

- 2 1/2 spsk olivenolie
- 1/4 kop smør, smeltet
- 1/2 citroner, juicede
- spiseskefulde grovkornet tilberedt sennep
- ounce hakket frisk basilikum
- fed hvidløg, hakket
- salt efter smag
- 1 knivspids hvid peber
- 3 pounds friske rejer, pillede og deveirede

Vejbeskrivelse

a) Bland olivenolie og smeltet smør i et lavvandet, ikke-porøst fad eller skål. Rør derefter citronsaft, sennep, basilikum og hvidløg i, og smag til med salt og hvid peber. Tilsæt rejer, og vend til belægning. Dæk til og stil i køleskab eller køling i 1 time. Forvarm grillen til høj varme.

b) Fjern rejerne fra marinaden, og tråd på spyd. Riv let med olie, og læg spyd på grillen. Kog i 4 minutter, vend én gang, indtil færdig.

10. Grillede baconindpakkede rejer

ingredienser

- 1 lb. store rejer
- baconskiver, skåret i 1/2
- pepper jack ost

Vejbeskrivelse

a) Vask, pil og fjern rejer. Skær bagsiden af hver reje. Læg en lille skive ost i slidsen og pak den ind med et stykke bacon. Brug en tandstik til at holde sammen.

b) Steg på grillen, indtil baconen er let sprød. Det her er lækkert og nemt!

11. Grillede rejer

ingredienser

- 1 pund mellemstore rejer
- 3-4 spsk olivenolie
- 2 spsk "Old Bay Seasoning"

Vejbeskrivelse

a) Pil og fjern rejer, efterlader på halerne. Læg alle ingredienser i en lynlåspose og ryst godt. Dette kan marinere 5 minutter eller flere timer.
b) Læg rejer på en "grillpande" (med huller, så rejerne ikke falder ind mellem riste på grillen) og grill medium højt i flere minutter. Meget krydret

Serverer 2

12. Alabama Rejebage

ingredienser

- 1 kop smør eller margarine, smeltet
- 3/4 kop citronsaft
- 3/4 kop Worcestershire sauce
- 1 spsk salt
- 1 spsk groftkværnet peber
- 1 tsk tørret rosmarin
- 1/8 tsk stødt rød peber
- 1 spsk varm sauce
- 3 fed hvidløg, hakket
- 2 1/2 pund upillede store eller jumbo rejer
- 2 citroner, skåret i tynde skiver
- 1 mellemstor løg, skåret i tynde skiver
- Friske rosmarinkviste

Vejbeskrivelse

a) Kombiner de første 9 ingredienser i en lille skål; sæt til side.

b) Skyl rejer med koldt vand; dræn godt af. Læg rejer, citronskiver og løgskiver i en usmurt 13 x 9 x 2-tommers bageform. Hæld smørblandingen over rejer. Bages utildækket ved 400 grader F i 20 til 25 minutter, eller indtil rejerne bliver lyserøde, og dryss af og til med pandesaft. Pynt med friske rosmarinkviste.

13. Næsten rejer Paesano

ingredienser

- Reje
- 1 æg
- 1 kop mælk
- Salt og peber efter smag
- 1 pund ekstra-store rejer, pillede og afvinede, haler tilbage på
- 1/2 kop universalmel
- Vegetabilsk olie

Vejbeskrivelse

a) I en lav skål kombineres æg, mælk, salt og peber. Dyp rejer i blandingen, og dyp derefter let i mel.

b) Opvarm olie i en sauterpande, indtil den er varm, og tilsæt derefter rejer 4 til 6 ad gangen, og sørg for, at rejerne har masser af plads til at lave mad. (Det er vigtigt, at rejer ikke er i nærheden af hinanden eller rører ved hinanden.) Brun dem på den ene side, og vend dem derefter og brun dem på den anden side. Kog indtil færdig, eller sæt på en bageplade i en forvarmet 350 grader F ovn for at afslutte madlavningen. Tilbered sauce imens.

14. Risotto med bønne og rejer

ingredienser

- 1½ dl løg, hakket
- 1 lb. pillede, udvundne rejer
- 4 fed hvidløg, hakket
- 1 kop snapsærter
- 1 spsk olivenolie
- 1 dåse kidneybønner eller ½ kopper kogte
- 3 til 4 oz. svampe, skåret i skiver
- tørpakke kidneybønner, skyllede,
- 1 ½ kop Arborio ris, drænet
- 3 dåser fedtfri hønsebouillon med reduceret natriumindhold
- 1 mellemstor tomat, hakket
- kop parmesan eller Asiago ost
- salt og peber efter smag

Vejbeskrivelse

a) Sauter løg, hvidløg og svampe i olie i en stor gryde, indtil de er møre, 5 til 8 minutter.
b) Rør ris i og kog 2 til 3 minutter.
c) Varm bouillon op til kogning i medium gryde; reducere varmen til lav. Tilsæt 1 kop bouillon til ris og kog under konstant omrøring, indtil bouillon er absorberet, 1 til 2 minutter. Tilsæt langsomt 2 kopper bouillon og lad det simre under omrøring, indtil bouillon er absorberet.

d) Tilsæt rejer, ærter og den resterende bouillon i gryden. Kog, under jævnlig omrøring, indtil risene lige er møre og væsken er absorberet, 5 til 10 minutter.
e) Tilsæt bønner og tomater; kog 2 til 3 minutter længere. Rør ost i; smag til med salt og peber.

15. Øl-stegte rejer

ingredienser

- 3/4 kop øl
- 3 spiseskefulde vegetabilsk olie
- 2 spsk snittet persille
- 4 tsk Worcestershire sauce
- 1 fed hvidløg, hakket
- 1/2 tsk salt
- 1/8 tsk peber
- 2 pund store rejer, uden skal

Vejbeskrivelse

a) Bland olie, persille, Worcestershire sauce, hvidløg, salt og peber. Tilføj rejer; røre. Dække over; lad stå ved stuetemperatur i 1 time.

b) Dræn, behold marinade. Placer rejer på godt smurt slagtekyllinger rack; stege 4 til 5 inches fra varme i 4 minutter. Tur; pensl med marinade. Steg 2 til 4 minutter mere eller indtil lys pink.

Giver 6 portioner

16. Kogte Gulf Shrimp

ingredienser

- 1 gallon vand
- 3 ounce krabbekød
- 2 citroner, skåret i skiver
- 6 pebernødder
- 2 laurbærblade
- 5 pund rå rejer i skallen

Vejbeskrivelse
a) Bring vandet krydret med krabbekoger, citroner, peberkorn og laurbærblade i kog. Drop rejer i.
b) Når vandet koger tilbage, koges jumbo eller store rejer i 12 til 13 minutter og mellemstore rejer i 7 til 8 minutter. Fjern fra varmen og tilsæt 1 liter isvand. Lad sidde i 10 minutter. Dræne.

17. Rémoulade sauce

ingredienser

- 1/2 spsk kreolsennep eller mere
- 2 spsk revet løg
- 1 pint mayonnaise
- 1/4 kop peberrod eller mere
- 1/2 kop hakket purløg
- 1/4 tsk salt
- 1 spsk citronsaft
- 1/4 tsk peber

Vejbeskrivelse

a) Bland alle ingredienser. Server over kolde kogte rejer til en rejeremoulade hovedret eller brug som dip til kogte rejer. Sauce er bedst efter 24 timer.
b) Giver 2 1/4 dl sauce.

18. Californien Scampi

ingredienser

- 1 pund smør, klaret
- 1 spsk hakket hvidløg
- 1 tsk salt
- 1 tsk peber
- 1 1/2 pounds store rejer, afskallede og de-årede

Vejbeskrivelse

a) Opvarm 3 spsk af det klarede smør i en stor stegepande. Tilsæt hvidløg og sauter. Tilsæt salt og peber og rejerne, som kan sommerfugles, hvis det ønskes. Sauter indtil rejerne skifter farve og er møre. Tilsæt det resterende smør og varm igennem. Læg rejer på tallerkener og hæld varmt smør over.
b) Gør 4 til 6 portioner
c)

19. Champagne rejer og pasta

ingredienser

- 8 ounce englehårpasta
- 1 spsk ekstra jomfru olivenolie
- 1 kop friske champignon i skiver
- 1 pund mellemstore rejer, pillede og deveirede
- 1-1/2 dl champagne
- 1/4 tsk salt
- 2 spsk hakkede skalotteløg
- 2 blommetomater i tern
- 1 kop tung fløde
- salt og peber efter smag
- 3 spsk hakket frisk persille
- friskrevet parmesanost

Vejbeskrivelse

a) Bring en stor gryde letsaltet vand i kog. Kog pasta i kogende vand i 6 til 8 minutter eller indtil al dente; dræne. Imens opvarmes olien over medium-høj varme i en stor stegepande. Kog og rør svampe i olie, indtil de er møre. Fjern svampe fra panden, og stil til side.

b) Kom rejer, champagne og salt i stegepanden og kog over høj varme. Når væsken lige begynder at koge, fjern rejer fra panden. Tilføj skalotteløg og tomater til champagne; kog indtil væsken er reduceret til 1/2 kop, cirka 8 minutter. Rør i 3/4 kop fløde; kog indtil lidt

tykt, omkring 1 til 2 minutter. Tilsæt rejer og svampe til saucen og varm igennem.
c) Juster krydderier efter smag. Vend varm, kogt pasta med den resterende 1/4 kop fløde og persille. For at servere, hæld rejer med sauce over pasta, og top med parmesanost.

20. Kokosrejer med Jalapeño Jelly

ingredienser

- 3 kopper revet kokosnød
- 12 (16-20 eller 26-30) rejer, pillede og udvundet
- 1 kop mel
- 2 æg, pisket
- Vegetabilsk olie

Vejbeskrivelse
a) Rist kokosnødden let på en bageplade i en 350 grader F ovn i 8 til 10 minutter.
b) Butterfly hver reje ved at flække på langs ned i midten, skære tre-fjerdedele af vejen igennem. Dryp rejerne i mel og dyp derefter i æg. Tryk den strimlede kokos i rejerne og steg derefter i 350 grader F vegetabilsk olie, indtil de er gyldenbrune.
c) Server med Jalapeño Jelly.

21. Kokos Tempura rejer

ingredienser

- 2/3 kop mel
- 1/2 kop majsstivelse
- 1 stort æg, pisket
- 1 kop revet frisk kokosnød
- 1 kop iskoldt sodavand
- Salt
- 1 pund store rejer, pillede, deveirede og hale på
- Kreolsk krydderi
- 1 glas mango chutney
- 1 plantain
- 1 spsk koriander, finthakket

Vejbeskrivelse

a) Forvarm frituregryden.
b) Kombiner mel, majsstivelse, æg, kokos og sodavand i en mellemstor skål. Bland godt for at lave en jævn dej. Smag til med salt. Krydr rejerne med kreolsk krydderi. Hold i halen af rejerne, dyp i dejen, overtræk helt og ryst det overskydende af. Steg rejerne i partier, indtil de er gyldenbrune, cirka 4 til 6 minutter. Fjern og afdryp på køkkenrulle. Smag til med kreolsk krydderi.

c) Pil plantainerne. Skær plantainerne i tynde skiver på langs. Steg dem til de er gyldenbrune.

Fjern og afdryp på køkkenrulle. Smag til med kreolsk krydderi.

d) Læg lidt mangochutney i midten af hver tallerken. Læg rejerne rundt om chutneyen. Pynt med stegte pisang og koriander.

22. Cornsicles med rejer og oregano

ingredienser

- 6 aks majs
- 1 tsk salt
- 1/4 tsk hvid peber
- 1 spsk hakket frisk mexicansk oregano el
- 1 tsk tørret mexicansk oregano
- 12 mellemstore rejer
- 24 ispinde

Vejbeskrivelse

a) Pil, devein og skær rejer i tern. Skær majsene og fjern skaller og silke. Gem og vask de større skaller. Skær majskernerne fra kolben, og skrab så meget mælk ud, som du kan. Kværn kernerne med en kødhakker med et skarpt blad. Tilsæt salt, hvid peber, oregano og rejer. Bland godt.
b) Forvarm ovnen til 325 grader F.
c) Drop en spiseskefuld af majsblandingen på midten af en ren skal. Fold venstre side af skallen ind i midten, derefter højre, og fold derefter den nederste ende opad. Skub en Popsicle-pind 2 til 3 tommer ind i den åbne ende og klem skallen rundt om pinden med fingrene. Riv en tynd tråd af et tørt skalle og bind det rundt om majsblomsten. Placer rullerne, pindene i luften og meget tæt på

hinanden, i et bradefad eller brødform. Bag 30 minutter, indtil majsblandingen er fast og fast.

d) For at spise en majskorn skal du skrælle majsskallet og spise det varmt fra pinden, som du ville gøre med en ispind.

23. Cremet pesto rejer

ingredienser

- 1 pund linguine pasta
- 1/2 kop smør
- 2 kopper tung fløde
- 1/2 tsk stødt sort peber
- 1 kop revet parmesanost
- 1/3 kop pesto
- 1 pund store rejer, pillede og deveirede

Vejbeskrivelse

Bring en stor gryde letsaltet vand i kog. Tilføj linguine pasta, og kog i 8 til 10 minutter, eller indtil al dente; dræne. I en stor stegepande smeltes

smørret ved middel varme. Rør fløde i, og smag til med peber. Kog 6 til 8 minutter under konstant omrøring. Rør parmesanost i flødesauce under omrøring, indtil det er grundigt blandet. Blend pestoen i og kog i 3 til 5 minutter, indtil den er tyknet. Rør rejerne i, og kog indtil de bliver lyserøde, cirka 5 minutter. Server over den varme linguine.

24. Delta rejer

ingredienser

- 2 liter vand
- 1/2 stor citron, skåret i skiver
- 2 1/2 pund uprællede store friske rejer
- 1 kop vegetabilsk olie
- 2 spsk varm sauce
- 1 1/2 tsk olivenolie
- 1 1/2 tsk hakket hvidløg
- 1 tsk hakket frisk persille
- 3/4 tsk salt
- 3/4 tsk Old Bay krydderi
- 3/4 tsk tørret hel basilikum
- 3/4 tsk tørret hel oregano
- 3/4 tsk tørret hel timian
- Bladsalat

Vejbeskrivelse

a) Bring vand og citron i kog; tilsæt rejer og kog 3 til 5 minutter. Dræn godt; skyl med koldt vand. Pil og fjern rejer, og lad halerne være intakte. Placer rejer i en stor skål.

b) Kombiner olie og næste 9 ingredienser; rør rundt med et piskeris. Hæld over rejer. Kast for at belægge rejer.

25. Flødecreme

ingredienser

- 3 dåser fløde af rejesuppe
- 1 1/2 tsk karrypulver
- 3 kopper creme fraiche
- 1 1/2 pund rejer, kogte og pillede

Vejbeskrivelse
a) Bland alle ingredienser og varm i toppen af en dobbelt kedel.
b) Server over ris eller i pattyskaller.

26. Aubergine kanoer

ingredienser

- 4 mellemstore auberginer
- 1 kop løg, hakket
- 1 kop grønne løg, hakket
- 4 fed hvidløg, hakket
- 1 kop peberfrugt, hakket
- 1/2 kop selleri, hakket
- 2 laurbærblade
- 1 tsk timian
- 4 tsk salt
- 1 tsk sort peber
- 4 spsk baconfedt
- 1 1/2 pund rå rejer, pillede
- 1/2 kop (1 stok) smør
- 1 spsk Worcestershire sauce
- 1 tsk Louisiana varm sauce
- 1 kop krydret italiensk brødkrummer
- 2 æg, pisket
- 1/2 kop persille, hakket
- 1 pund klump krabbekød
- 3 spsk citronsaft
- 8 spsk Romano ost, revet
- 1 kop skarp cheddarost, revet

Vejbeskrivelse

a) Skær auberginerne i halve på langs og kog dem i saltet vand i cirka 10 minutter eller indtil de er møre. Skrab indersiden ud og hak fint. Læg aubergineskaller i et lavt ovnfad. Sauter løg, grønne løg, hvidløg, peberfrugt, selleri, laurbærblade, timian, salt og peber i baconfedt i cirka 15 til 20 minutter. Tilsæt hakket aubergine og kog tildækket i cirka 30 minutter.
b) Sautér rejer i smør i en separat stegepande, indtil de bliver lyserøde, cirka 2 minutter, og tilsæt derefter aubergineblandingen. Tilsæt Worcestershire sauce, varm sauce, brødkrummer og æg til aubergineblandingen. Rør persille og citronsaft i. Tilsæt ost. Fold forsigtigt krabbekød i. Fyld aubergineskaller med blandingen. Bages uden låg ved 350 grader F, indtil de er varme og brune, cirka 30 minutter.

Giver 8 portioner

27. Hvidløg rejer

ingredienser

- 2 spsk olivenolie
- 4 fed hvidløg, skåret i tynde skiver
- 1 spsk stødt rød peber
- 1 pund rejer
- salt og peber efter smag

Vejbeskrivelse

a) Varm olivenolien i en gryde ved middel varme. Tilsæt hvidløg og rød peber. Sauter indtil hvidløget er brunet, rør ofte for at sikre, at hvidløget ikke brænder på.

b) Smid rejerne i olien (pas på, at olien ikke sprøjter op på dig). Kog i 2 minutter på hver side, indtil den er lyserød.

c) Tilsæt salt og peber. Kog i endnu et minut, før du tager den af varmen. Server med skiver baguette (tapas-stil) eller med pasta.

d) Hvis du kaster med pasta: Start i en stor gryde. Kog rejer som anvist, mens du laver pasta i en separat gryde (du starter nok pastaen før rejerne, da rejerne kun tager 5-7 minutter). Mens du dræner pastaen, gem noget af pastavandet.

e) Når rejerne er færdige, hæld den kogte pasta i gryden med rejerne og vend godt rundt, og overtræk pastaen med hvidløg og rød peber-

infunderet olie. Tilsæt reserveret pastavand, i spiseskefulde intervaller, hvis det er nødvendigt.
f) Top med hakket persille.

28. Grillede marinerede rejer

ingredienser

- 1 kop olivenolie
- 1/4 kop hakket frisk persille
- 1 citron, saftet
- 2 spsk varm pebersauce
- 3 fed hvidløg, hakket
- 1 spsk tomatpure
- 2 tsk tørret oregano
- 1 tsk salt
- 1 tsk kværnet sort peber
- 2 pounds store rejer, pillede og deveirede med haler påsat
- Spyd

Vejbeskrivelse

a) I en røreskål blandes olivenolie, persille, citronsaft, varm sauce, hvidløg, tomatpasta, oregano, salt og sort peber sammen. Reserver et lille beløb til at tø senere. Hæld den resterende marinade i en stor genlukkelig plastikpose med rejer. Luk og mariner i køleskabet i 2 timer.

b) Forvarm grillen til medium-lav varme. Træk rejer på spyd, piercing én gang nær halen og én gang nær hovedet. Kassér marinaden.

c) Olie grillrist let. Kog rejer i 5 minutter på hver side, eller indtil de er uigennemsigtige, og dryp ofte med reserveret marinade.

29. Texas rejer

ingredienser

- 1/4 kop vegetabilsk olie
- 1/4 kop tequila
- 1/4 kop rødvinseddike
- 2 spsk mexicansk limesaft
- 1 spsk stødt rød chili
- 1/2 tsk salt
- 2 fed hvidløg, finthakket
- 1 rød peberfrugt, finthakket
- 24 store, rå rejer, pillede og afveget

Vejbeskrivelse

a) Bland alle ingredienser undtagen rejer i et lavt glas- eller plastfad. Rør rejer i. Dæk til og stil på køl i 1 time.
b) Fjern rejer fra marinaden, behold marinaden. Træk 4 rejer på hver af seks (8-tommer) metalspyd. Grill over medium kul, vend én gang, indtil lyserød, 2 til 3 minutter på hver side.
c) Opvarm marinaden til kogning i en ikke-reaktiv gryde. Reducer varmen til lav. Lad det simre uden låg, indtil peberfrugten er mør, cirka 5 minutter. Server med rejer.

30. Hawaiiske rejespyd

ingredienser

- 1/2 pund rejer, pillede, afvinede og ubehandlede 1/2 pund bay eller havmuslinger 1 dåse ananas stykker i juice
- 1 grøn peberfrugt, skåret i tern
- bacon skiver

Sovs:

- 6 ounce barbecue sauce
- 16 ounce salsa
- 2 spsk ananasjuice
- 2 spsk hvidvin

Vejbeskrivelse

a) Blend sauce ingredienser indtil ensartet blandet. Spid ananasstykker, rejer, kammuslinger, peberfrugtbåde og baconskiver foldet.

b) Ryd spyddet jævnt på hver side og grill. Kog indtil rejerne har en lyserød farve. Server med ris.

31. Honning-timian grillede rejer

ingredienser

- Ristet hvidløgsmarinade
- 2 pund friske eller frosne ubehandlede store rejer i skaller
- 1 mellemstor rød peberfrugt, skåret i 1-tommers firkanter og blancheret
- 1 mellemstor gul peberfrugt, skåret i 1-tommers firkanter og blancheret
- 1 mellemstor rødløg, skåret i kvarte og delt i stykker

Vejbeskrivelse

a) Forbered ristet hvidløgsmarinade
b) Skræl rejer. (Hvis rejer er frosne, må de ikke tø op; pil i koldt vand.) Lav et lavt snit på langs ned bagsiden af hver reje; udvask vene.
c) Hæld 1/2 kop af marinaden i en lille genlukkelig plastikpose; luk posen og stil den på køl indtil servering. Hæld den resterende marinade i en stor genlukkelig plastikpose. Tilsæt rejer, peberfrugt og løg, vend for at overtrække med marinade. Forsegl posen og stil den på køl i mindst 2 timer, men ikke længere end 24 timer.
d) Pensl grillstativet med vegetabilsk olie. Varm kul eller gasgrill for direkte varme. Fjern rejer og grøntsager fra marinade; dræn godt af. Kassér marinaden. Træk rejer og grøntsager

skiftevis på hvert af seks 15-tommer metalspyd, så der er plads mellem hver.

e) Grill kabobs afdækket 4 til 6 inches fra VARM varme 7 til 10 minutter, drej en gang, indtil rejerne er lyserøde og faste. Læg kabobs på serveringsbakken. Klip et lille hjørne fra en lille plastikpose med reserveret marinade ved hjælp af en saks. Dryp marinade over rejer og grøntsager.

Udbytte: 6 portioner.

32. Ristet hvidløgsmarinade

ingredienser
- 1 mellemstor hvidløgsløg
- 1/3 kop oliven- eller vegetabilsk olie
- 2/3 kop appelsinjuice
- 1/4 kop krydret honningsennep
- 3 spsk honning
- 3/4 tsk tørrede timianblade, knust

Vejbeskrivelse
a) Forvarm ovnen til 375 grader F.
b) Skær en tredjedel af toppen af den uskrællede hvidløgsløg, så nelliker blotlægges. Placer hvidløg i lille bageform; dryp med olie.
c) Dæk tæt og bag 45 minutter; fedt nok. Pres hvidløgsmasse fra papiragtig hud. Kom hvidløg og de resterende ingredienser i blenderen.
d) Dæk til og blend ved høj hastighed indtil glat. Gør omkring 1 1/2 kop.

33. Varme og krydrede rejer

ingredienser
- 1 pund smør
- 1/4 kop jordnøddeolie
- 3 fed hvidløg, hakket
- 2 spsk rosmarin
- 1 tsk hakket basilikum
- 1 tsk hakket timian
- 1 tsk hakket oregano
- 1 lille varm peber, hakket, el
- 2 spsk malet cayennepeber
- 2 tsk friskkværnet sort peber
- 2 laurbærblade, smuldret
- 1 spsk paprika
- 2 tsk citronsaft
- 2 pund rå rejer i deres skaller
- Salt

Vejbeskrivelse
a) Rejer skal have en størrelse på 30-35 pr. pund.
b) Smelt smør og olie i et ildfast fad. Tilsæt hvidløg, krydderurter, peberfrugt, laurbærblade, paprika og citronsaft, og bring det i kog. Skru ned for varmen og lad det simre i 10 minutter under jævnlig omrøring. Tag fadet af varmen og lad smagene blande sig i mindst 30 minutter.
c) Denne varme smørsauce kan laves en dag i forvejen og stilles på køl. Forvarm ovnen til 450 grader F. Genopvarm saucen, tilsæt

rejerne, og kog over medium varme, indtil rejerne lige bliver lyserøde, og bag derefter i ovnen i ca. 30 minutter mere. Smag til efter krydderier, tilsæt eventuelt salt.

d) Sug smørsauce op med sprødt brød, efter at rejerne er blevet spist.

34. Italienske stegte rejer

ingredienser
- 2 pund jumbo rejer
- 1/4 kop olivenolie
- 2 spsk hvidløg, hakket
- 1/4 kop mel
- 1/4 kop smør, smeltet
- 4 spsk persille, hakket
- 1 kop trukket smørsauce

Vejbeskrivelse
a) Skalrejer, efterlader haler på. Tør, drys derefter med mel. Rør olie og smør i en flad bradepande; tilsæt rejer. Steg ved middel varme i 8 minutter. Tilsæt hvidløg og persille til Drawn Butter Sauce. Hæld over rejer.
b) Rør indtil rejer er belagt. Steg 2 minutter mere.

35. Jerk rejer med søde jamaicanske ris

ingredienser
- 1 pund mellemstore rejer (51-60 tal), rå, skal på Jerk krydderi
- 2 kopper varme kogte ris
- 1 (11 ounce) dåse mandarin appelsiner, drænet og hakket
- 1 (8 ounce) dåse knust ananas, drænet
- 1/2 kop hakket rød peberfrugt
- 1/4 kop skivede mandler, ristede
- 1/2 kop skåret spidskål
- 2 spsk kokos i flager, ristet
- 1/4 tsk malet ingefær

Vejbeskrivelse
a) Tilbered jerk marinade i henhold til pakkens anvisninger på bagsiden af jerk krydderi.
b) Pil og fjern rejer og lad halen sidde. Læg i marinade, mens du forbereder ris.
c) I en stor stegepande kombineres alle resterende ingredienser. Kog over medium-høj varme, under konstant omrøring i 5 minutter, eller indtil den er gennemvarmet. Fjern rejer fra marinaden. Placer i slagtekyllinger pande i enkelt lag. Steg 5 til 6 tommer fra varme i 2 minutter.
d) Rør godt og steg yderligere 2 minutter, eller indtil rejerne er lige lyserøde.
e) Server med ris.
f)

36. Stegte rejer med citron-hvidløg

ingredienser
- 2 pund mellemstore rejer, pillede og deveirede
- 2 fed hvidløg, halveret
- 1/4 kop smør eller margarine, smeltet
- 1/2 tsk salt
- Groft kværnet peber
- 3 dråber varm sauce
- 1 spsk Worcestershire sauce
- 5 spsk hakket frisk persille

Vejbeskrivelse

a) Placer rejer i enkeltlag i en 15 x 10 x 1-tommer jellyroll-pande; sæt til side.

b) Sauter hvidløg i smør, indtil hvidløg er brunet; fjern og kassér hvidløg. Tilsæt de resterende ingredienser, undtagen persille, og rør godt rundt. Hæld blandingen over rejer. Steg rejer 4 inches fra varme i 8 til 10 minutter, bastning én gang. Drys med persille.

Giver 6 portioner.

37. Lime Peber rejer

ingredienser
- 1 pund store rejer, pillede og deveirede
- 1 spsk olivenolie
- 1 spsk hakket frisk rosmarin
- 1 spsk hakket frisk timian
- 2 tsk hakket hvidløg
- 1 tsk groftkværnet sort peber
- Knip stødt rød peber
- Saft af en lime

Vejbeskrivelse
a) Kombiner rejer, olie, urter og peberfrugt i en mellemstor skål. Bland godt for at dække rejerne. Lad stå ved stuetemperatur i 20 minutter.
b) Opvarm en stor stegepande uden stok over medium-høj varme i 3 minutter. Tilsæt rejerne i et enkelt lag. Kog i 3 minutter på hver side, eller indtil rejerne er lyserøde og lige gennemstegte. Må ikke overkoges. Fjern fra varmen og rør limesaft i.

38. Louisiana Shrimp Esplanade

ingredienser
- 24 store friske rejer
- 12 ounce smør
- 1 spsk pureret hvidløg
- 2 spsk Worcestershire sauce
- 1 tsk tørret timian
- 1 tsk tørret rosmarin
- 1/2 tsk tørret oregano
- 1/2 tsk stødt rød peber
- 1 tsk cayennepeber
- 1 tsk sort peber
- 8 ounce øl
- 4 kopper kogte hvide ris
- 1/2 kop finthakket spidskål

Vejbeskrivelse
a) Vask rejer og lad dem ligge i skallen. Smelt smør i en stor stegepande og rør hvidløg, Worcestershire sauce og krydderier i.
b) Tilsæt rejer og ryst panden for at nedsænke rejerne i smør, og sauter derefter ved middelhøj varme i 4 til 5 minutter, indtil de bliver lyserøde.
c) Hæld derefter øl i og rør i yderligere et minut, og tag derefter af varmen. Skal og fjern rejerne og anret dem på en risseng. Hæld pandesaften ovenpå og pynt med hakket spidskål.
d) Server straks.

39. Malibu Stir Fry Rejer

ingredienser
- 1 spsk jordnøddeolie
- 1 spsk smør
- 1 spsk hakket hvidløg
- 1 pund mellemstore rejer, pillede og deveirede
- 1 kop champignon i skiver
- 1 bundt spidskål, skåret i skiver
- 1 rød sød peber, frøet, skåret i tynde 2" strimler
- 1 kop friske eller frosne ærter
- 1 kop Malibu rom
- 1 kop tung fløde
- 1/4 kop hakket frisk basilikum
- 2 tsk stødt chilipasta
- Saft af 1/2 lime
- Friskkværnet sort peber
- 1/2 kop revet kokosnød
- 1 pund fettuccini, kogt

Vejbeskrivelse

a) Varm olie og smør op ved høj varme i en stor pande. Tilsæt hvidløg i 1 minut. Tilsæt rejer, kog 2 minutter, indtil de er lyserøde. Tilsæt grøntsager og steg 2 minutter.

b) Tilsæt rom og lad det simre i 2 minutter. Tilsæt fløde og lad det simre i 5 minutter. Tilsæt de resterende krydderier. Vend med kokos og kogt pasta.

40. Bagte rejer

ingredienser
- 4 pund uskrællede, store friske rejer eller 6 pund rejer med hovedet på
- 1/2 kop smør
- 1/2 kop olivenolie
- 1/4 kop chilisauce
- 1/4 kop Worcestershire sauce
- 2 citroner, skåret i skiver
- 4 fed hvidløg, hakket
- 2 spsk kreolsk krydderi
- 2 spsk citronsaft
- 1 spsk hakket persille
- 1 tsk paprika
- 1 tsk oregano
- 1 tsk stødt rød peber
- 1/2 tsk varm sauce
- Fransk brød

Vejbeskrivelse
a) Fordel rejer i en lavvandet, alufoliebeklædt slagtekyllingspande.
b) Kombiner smør og de næste 12 ingredienser i en gryde ved lav varme under omrøring, indtil smørret smelter, og hæld det over rejer. Dæk og køl 2 timer, vend rejer hvert 30. minut.
c) Bages uden låg ved 400 grader F i 20 minutter; dreje en gang.
d) Server med brød, grøn salat og majskolber til et komplet måltid.

41. Virkelig fed rejesalat

ingredienser
- 2 lbs. Medium rejer
- 1 kop mirakelpisk
- 1/2 kop grønne løg
- 1 grøn paprika
- 1 lille hoved af salat
- 1 mellemstor tomat
- 1/2 kop mozzarella ost

Vejbeskrivelse

a) Pil, devein og kog rejer. Hak salat, peberfrugt, tomat, grønne løg og rejer, og bland det sammen i en skål... Riv mozzarellaost og tilsæt salaten.

b) Tilsæt mirakelpisk og bland det godt sammen.

42. M-80 stenrejer

M-80 Sauce

- 1 spsk majsstivelse
- 1 kop vand
- 1 kop sojasovs
- 1 kop lys brun farin
- 1 spsk sambal chilipasta
- kop friskpresset appelsinjuice 1 serrano chili, finthakket
- fed hvidløg, finthakket (ca. 1 spsk)
- Et to-tommers stykke frisk ingefær, skrabet/skrællet og finthakket

Slaw

- grøn hovedkål, skåret i tynde skiver (ca. $1\frac{1}{2}$ kop)
- hovedrødkål, skåret i tynde skiver (ca. $1\frac{1}{2}$ kop)
- medium gulerod, i tynde skiver i 2-tommers stykker
- medium rød peber, skåret i tynde skiver
- medium rødløg, skåret i tynde skiver
- 1 fed hvidløg, skåret i tynde skiver
- 1 Serrano chili, skåret i tynde skiver
- basilikumblade, skåret i tynde skiver

Reje

- Vegetabilsk olie
- 2 pund rock rejer (eller erstatning 16-20 count rejer skåret i små tern) 1 kop kærnemælk
- 3 kopper universalmel
- Sorte og hvide sesamfrø
- 1 spsk grønne løg, skåret i tynde skiver
- Koriander blade

Vejbeskrivelse

a) Lav M-80 saucen: I en lille skål piskes majsstivelse og vand sammen. Sæt til side.
b) I en lille gryde piskes sojasovsen, farin, chilipasta, appelsinjuice, chili, hvidløg og ingefær sammen, og saucen bringes i kog. Sænk varmen og lad det simre i 15 minutter. Pisk majsstivelse-vandblandingen i og bring saucen i kog igen.
c) Lav slaw: I en mellemstor skål, smid den grønne og røde kål, gulerod, rød peber, løg, hvidløg, chili og basilikum sammen. Sæt til side.
d) Lav rejerne: I en mellemstor gryde sat over høj varme, tilsæt nok olie til at komme halvvejs op i gryden; varm op til olien når 350° (brug et termometer til at måle temperaturen). Kom stenrejerne i en stor skål og hæld kærnemælken over dem.

e) Brug en hulske til at fjerne rejerne, dræn den overskydende kærnemælk af, og vend rejerne sammen med melet i en separat skål. Steg rejerne i 1 til 1½ minut.

43. Toast af byen

ingredienser

- Tolv 16-20 tæller rejer, deveirede og skaller fjernet
- Salt og friskkværnet sort peber
- 2 avocadoer
- 2 spsk limesaft (ca. 1 medium lime), delt
- 2 spsk finthakket koriander
- 2 tsk finthakket jalapeño (ca. 1 medium jalapeño)
- 1 grapefrugt
- 1 lille baguette, skåret i ¼-tommer skiver Ekstra jomfru olivenolie
- Salt og friskkværnet sort peber ¼ kop pistacienødder, ristet og hakket

Vejbeskrivelse

a) Læg rejerne på en lille tallerken og krydr med salt og peber. Skær avocadoerne på langs rundt om kernerne og fjern kernerne. Skær avocadokødet i et krydsskraveringsmønster og brug en ske til at øse avocadokødet i en mellemstor skål. Kombiner avocadoen med 1½ spsk limesaft og koriander og jalapeño.

b) Brug en kniv til at fjerne skindet og eventuel marv fra grapefrugtkødet, og skær langs membranerne for at fjerne segmenterne. Sæt til side.

c) Pensl baguetteskiverne med olivenolie og krydr med salt og peber. Læg baguetteskiverne i brødristeren og rist til de er gyldenbrune.
d) Opvarm $1\frac{1}{2}$ spsk olivenolie i en medium stegepande ved middel varme og tilsæt rejerne. Kog i et minut på den ene side, vend derefter og steg yderligere 30 sekunder på den anden side. Overfør rejerne til en skål og vend med den resterende $\frac{1}{2}$ spsk limesaft.
e) For at samle: Fordel 2 spsk avocadoblanding på hver baguetteskive. Top med et eller to stykker rejer og et segment af grapefrugt. Drys pistacienødder over toppen og server med det samme.

44. Rejer a la Plancha over Saffron Allioli Toasts

Udbytte: Serverer 4

ingredienser
Aioli
- Stor knivspids safran
- 2 store æggeblommer
- 1 fed hvidløg, finthakket
- 2 tsk kosher salt
- 3 kopper ekstra jomfru olivenolie, helst spansk
- 2 tsk citronsaft, plus mere hvis nødvendigt

Reje
- Fire ½ tomme tykke skiver landbrød
- 2 spsk ekstra jomfru olivenolie
- 1½ pund jumbo 16/20-count peel-on rejer
- Kosher salt
- 2 citroner, halveret
- 3 fed hvidløg, finthakket
- 1 tsk friskkværnet sort peber
- 2 dl tør sherry
- 3 spsk grofthakket fladbladet persille

Vejbeskrivelse

a) Lav aiolien: Rist safran i en lille stegepande over medium varme, indtil den er skør, 15 til 30 sekunder. Vend den ud på en lille tallerken og brug bagsiden af en ske til at knuse den. Til en mellemstor skål, tilsæt safran, æggeblommer, hvidløg og salt og pisk kraftigt, indtil det er godt blandet. Begynd at tilsætte olivenolien et par dråber ad gangen, pisk grundigt mellem tilføjelserne, indtil aiolien begynder at tykne, og dryp derefter den resterende olie ned i blandingen i en meget langsom og jævn strøm, og pisk aiolien, indtil den er tyk og cremet.

b) Tilsæt citronsaft, smag til og juster med mere citronsaft og salt efter behov. Overfør til en lille skål, dæk med plastfolie og stil på køl.

c) Lav toastene: Indstil en ovnrist til den øverste position og slagtekyllingen til høj. Læg brødskiverne på en bageplade med rand og pensl begge sider af brødet med 1 spsk af olien. Rist brødet, indtil det er gyldenbrunt, cirka 45 sekunder. Vend brødet om og rist den anden side (hold nøje øje med slagtekyllingen, da slagtekyllingens intensitet varierer), 30 til 45 sekunder længere. Tag brødet ud af ovnen og sæt hver skive på en tallerken.

d) Læg rejerne i en stor skål. Brug en skærekniv til at lave en flad slids ned ad den buede bagside af rejen, fjern venen og efterlad skallen intakt. Opvarm en stor, tykbundet stegepande over medium-høj varme, indtil den næsten ryger, $1\frac{1}{2}$ til 2 minutter. Tilsæt de resterende 1 spsk af olien og rejerne. Drys et godt nip salt og saften fra halvdelen af en citron over rejerne og kog indtil rejerne begynder at krølle og kanterne af skallen er brune, 2 til 3 minutter.

e) Brug en tang til at vende rejerne, drys med mere salt og saften fra en anden citronhalvdel og kog indtil rejerne er lyserøde, cirka 1 minut længere.

f) Lav en brønd i midten af gryden og rør hvidløg og sort peber i; når hvidløget er duftende, tilsæt sherryen efter ca. 30 sekunder, bring det i kog og rør hvidløg-sherryblandingen i rejerne. Kog, omrør og skrab de brune stykker fra bunden af gryden ned i saucen. Sluk for varmen og pres saften af en anden citronhalvdel i. Skær den resterende citronhalvdel i tern.

g) Fordel toppen af hver skive brød med en generøs skefuld safranaioli. Fordel rejerne på tallerkenerne og hæld noget sauce over hver portion. Drys med persille og server med citronbåde.

45. Rejekarry med sennep

Ingredienser:

- 1 lb. rejer
- 2 spsk olie
- 1 tsk gurkemeje
- 2 spsk sennepspulver
- 1 tsk salt
- 8 grønne chilier

Vejbeskrivelse

a) Lav en pasta af sennep i en lige stor mængde vand. Varm olie op i en slip-let pande og steg sennepspastaen og rejerne i mindst fem minutter, og tilsæt 2 kopper lunkent vand.
b) Bring i kog og tilsæt gurkemeje og salt og grønne chili. Kog ved medium lav varme i yderligere femogtyve minutter.

46. Reje karry

Ingredienser:

- 1 lb. rejer, pillede og deveirede
- 1 løg, pureret
- 1 tsk ingefærpasta
- 1 tsk hvidløgspasta
- 1 tomat, pureret
- 1 tsk gurkemejepulver
- 1 tsk chilipulver
- 1 tsk spidskommen pulver
- 1 tsk korianderpulver
- 1 tsk salt eller efter smag
- 1 tsk citronsaft
- Koriander/koriander blade
- 1 spsk olie

Vejbeskrivelse

a) Varm olie op i en slip-let pande og steg løg, tomat, ingefær og hvidløg sammen med spidskommen og korianderpulver og koriander/korianderblade i fem minutter ved middel lav varme.
b) Tilsæt rejer, gurkemeje og chilipulver og salt sammen med en halv kop lunkent vand og kog ved middel lav varme i femogtyve minutter.

Hold gryden dækket med låg. Rør godt rundt for at lade rejerne blande sig med krydderierne. Smag til med citronsaft, pynt med koriander/koriander inden servering.

47. Rejer i hvidløgssauce

ingredienser
- 12 fed hvidløg, groft hakket
- 1 kop vegetabilsk olie
- 1/4 kop (1/2 stok) usaltet smør
- 1 1/2 pund friske rejer, pillede, de-venerede og sommerfuglede (lad haler være intakte)

Vejbeskrivelse
a) I en stor stegepande sauteres hvidløget i medium-varm olie (ca. 300 grader F), indtil de er lysebrune. Hold øje med det, så det ikke brænder på. Efter ca. 6 til 8 minutter piskes smørret hurtigt i og fjernes straks fra ilden. Når alt smørret er tilsat, bliver bidderne sprøde. Fjern dem med en hulske og behold olie og smør til sautering af rejerne.
b) I en stor stegepande opvarmer du omkring 2 til 3 spiseskefulde af den reserverede olie og sauterer derefter rejerne i cirka 5 minutter. Vend meget kort og fjern derefter. Tilsæt mere olie efter behov for at sautere alle rejerne. Salt efter smag. Pynt med hvidløgsstykker og persille. Server med mexicansk ris.
c) Prøv at pensle hvidløgsolie over franskbrød, drys det derefter med persille og rist det.

d) Server dette sammen med rejerne og ledsage retten med en salat og tomatsalat.

48. Rejer i sennepsflødesauce

ingredienser
- 1 pund store rejer
- 2 spiseskefulde vegetabilsk olie
- 1 skalotteløg, hakket
- 3 spsk tør hvidvin
- 1/2 kop tung fløde eller piskefløde
- 1 spsk dijonsennep med frø
- Salt, efter smag

Vejbeskrivelse
a) Skal og devein rejer. I en 10-tommer stegepande over medium varme kog skalotteløg i varm olie i 5 minutter, omrør ofte. Øg varmen til medium-høj. Tilsæt rejer. Kog 5 minutter, eller indtil rejerne bliver lyserøde, under omrøring ofte. Fjern rejer til skål. Tilsæt vin til drypper i stegepande.
b) Kog over medium varme i 2 minutter. Tilsæt fløde og sennep. Kog i 2 minutter. Kom rejer tilbage i stegepanden. Rør til det er gennemvarmet. Salt efter smag.
c) Server over varme, kogte ris.
d) Serverer 4.

49. Gazpacho

ingredienser

- 2 fed hvidløg
- 1/2 rødløg
- 5 roma tomater
- 2 stilke selleri
- 1 stor agurk
- 1 zucchini
- 1/4 kop ekstra jomfru olivenolie
- 2 spsk rødvinseddike
- 2 spsk sukker Flere streger varm sauce Dash salt
- Dash sort peber
- 4 kopper tomatjuice af god kvalitet
- 1 pund rejer, pillede og deveirede Avocadoskiver, til servering
- 2 hårdkogte æg, finthakket Friske korianderblade, til servering Sprødt brød, til servering

Vejbeskrivelse
a) Hak hvidløget, skær løget i skiver og skær tomater, selleri, agurk og zucchini i tern. Kom alt hvidløg, alt løg, halvdelen af de resterende grøntsager i tern og olien i skålen på en foodprocessor eller, hvis du har lyst, en blender.

b) Drys eddike i og tilsæt sukker, varm sauce, salt og peber. Hæld til sidst 2 kopper tomatjuice i og blend godt. Du vil grundlæggende have en tomatbase med en smuk konfetti af grøntsager.
c) Hæld den blandede blanding i en stor skål og tilsæt den anden halvdel af grøntsagerne i tern. Rør det sammen. Rør derefter de resterende 2 kopper tomatjuice i. Giv den en smag og sørg for, at krydderiet er rigtigt. Juster efter behov. Stil på køl i en time, hvis det er muligt.
d) Grill eller svits rejerne, indtil de er uigennemsigtige. Sæt til side. Hæld suppen i skåle, tilsæt de grillede rejer og pynt med avocadoskiver, æg og korianderblade. Server med groft brød ved siden af.

50. Rejer Linguine Alfredo

ingredienser
- 1 (12 ounce) pakke linguine pasta
- 1/4 kop smør, smeltet
- 4 spsk hakket løg
- 4 tsk hakket hvidløg
- 40 små rejer, pillede og deveirede
- 1 kop halv-og-halv
- 2 tsk kværnet sort peber
- 6 spsk revet parmesanost
- 4 kviste frisk persille
- 4 skiver citron, til pynt

Vejbeskrivelse
a) Kog pasta i en stor gryde med kogende vand indtil al dente; dræne. Imens smeltes smør i en stor gryde. Svits løg og hvidløg ved middel varme, indtil de er møre. Tilføj rejer; sauter ved høj varme i 1 minut under konstant omrøring. Rør i halvt-og-halvt.
b) Kog under konstant omrøring, indtil saucen tykner. Læg pastaen i et serveringsfad og dæk med rejesauce. Drys med sort peber og parmesanost.
c) Pynt med persille og citronskiver.

51. Rejer Marinara

ingredienser
- 1 (16 oz.) dåse tomater, skåret i stykker
- 2 spsk hakket persille
- 1 fed hvidløg, hakket
- 1/2 tsk tørret basilikum
- 1 tsk salt
- 1/4 tsk peber
- 1 tsk tørret oregano
- 1 (6 oz.) dåse tomatpure
- 1/2 tsk krydret salt
- 1 lb. kogte afskallede rejer
- Revet parmesanost
- Kogt spaghetti

Vejbeskrivelse
a) Kombiner tomater i en gryde med persille, hvidløg, basilikum, salt, peber, oregano, tomatpure og krydret salt. Dæk til og kog på lavt niveau i 6 til 7 timer.
b) Drej kontrollen til høj, rør rejer i, dæk til og kog på høj i 10 til 15 minutter mere. Server over kogt spaghetti.
c) Top med parmesanost.

52. Rejer Newburg

ingredienser
- 1-pund rejer, kogte, udvundet
- 4 ounce dåse svampe
- 3 hårdkogte æg, pillet og hakket
- 1/2 kop parmesanost
- 4 spsk smør
- 1/2 løg, hakket
- 1 fed hvidløg, hakket
- 6 spsk mel
- 3 kopper mælk
- 4 spsk tør sherry
- Worcestershire sauce
- Salt og peber
- Tabasco sauce

Vejbeskrivelse
a) Forvarm ovnen til 375 grader F.
b) Smelt smør og svits derefter løg og hvidløg til det er møre. Tilsæt melet. Bland godt. Tilsæt gradvist mælken under konstant omrøring. Kog indtil saucen tykner. Tilsæt sherry og krydderier efter smag.
c) Kombiner rejer, svampe, æg og persille i en separat skål. Tilføj sauce sammen med 1/4 kop ost til rejeblandingen. Bland godt.
d) Hæld blandingen i en 2-liters ildfast fad og top med den resterende ost. Prik med smørret.
e) Bages i 10 minutter, indtil de er let brunede på toppen.

53. Krydrede marinerede rejer

ingredienser
- 2 lbs. Store rejer, pillede og deveirede
- 1 tsk salt
- 1 citron, skåret i halve
- 8 kopper vand
- 1 kop hvidvinseddike eller estragoneddike
- 1 kop olivenolie
- 1-2 Serrano chili (mere eller mindre, afhængig af smag), frø og årer fjernet, finthakket
- $\frac{1}{4}$ kop frisk koriander, hakket
- 2 store fed hvidløg, hakket eller sat gennem en hvidløgspresser
- 2 tsk frisk koriander, hakket (hvis det ønskes)
- 3 grønne løg (kun den hvide del), hakket
- Friskkværnet sort peber efter smag

Vejbeskrivelse
a) Kom vand, salt og citronhalvdele i en hollandsk ovn og bring det i kog. Tilsæt rejerne, rør rundt og kog forsigtigt i 4-5 minutter. Fjern fra varmen og afdryp.
b) Kombiner eddike, olivenolie, chili, koriander og hvidløg i en stor plastikpose med lynlås eller en anden plastikbeholder. Tilsæt de kogte rejer, og stil dem på køl i 12 timer eller natten over, vend flere gange.
c) For at servere skal du dræne væske fra rejer. I en stor skål kombineres de afkølede rejer med yderligere koriander, grønne løg og sort

peber, og vend godt rundt. Anret i et fad, og server straks.

54. Krydrede Singapore-rejer

ingredienser
- 2 pund store rejer
- 2 spsk ketchup
- 3 spsk Sriracha
- 2 spsk citronsaft
- 2 spsk sojasovs
- 1 spsk sukker
- 2 mellemstore jalapeño, frøet og hakket
- hvid løg af 1 stilk citrongræs, hakket
- 1 spsk frisk ingefær, hakket
- 4 spidskål, skåret i tynde skiver
- 1/4 kop koriander, hakket

Vejbeskrivelse
a) Kombiner ketchup, eddike (hvis du bruger), chilisauce, citronsaft, sojasovs og sukker.

b) Varm lidt vegetabilsk olie op i en stor stegepande og kog rejerne ved høj varme. Når de begynder at blive lyserøde, vend dem.

c) Tilsæt en lille smule mere olie og jalapeño, hvidløg, citrongræs og ingefær. Rør ofte, indtil blandingen er gennemvarmet. Advarsel: det vil dufte lækkert. Prøv ikke at miste dit fokus.

d) Steg spidskålen og ketchupblandingen i gryden i 30 sekunder, og bland derefter den hakkede koriander i. Server rejerne med ris.

e)

55. Starlight rejer

ingredienser

- 6 kopper vand
- 2 spsk salt
- 1 citron, halveret
- 1 stilk selleri, skåret i 3 tommer stykker
- 2 laurbærblade
- Et skvæt cayennepeber
- 1/4 kop persille, hakket
- 1 pakke Languster/Krabbe/Rejer kog
- 2 lbs. uprællede rejer, frisktrollet i Mobile Bay
- 1 beholder cocktailsauce

Vejbeskrivelse
a) Skær rejehoveder af.
b) Kombiner de første 8 ingredienser i en stor gryde eller hollandsk ovn. Bring i kog. Tilsæt rejer i skaller og kog ca. 5 minutter, indtil de bliver lyserøde. Dræn godt med koldt vand og afkøl.
c) Skræl og fjern rejer, og opbevar dem derefter i et afkølet køleskab.
d)

BLÆKSPRUTTE

56. Blæksprutte i rødvin

ingredienser

- 1 kg (2,25 lb) ung blæksprutte
- 8 spiseskefulde olivenolie
- 350 g (12 oz) små løg eller skalotteløg 150 ml (0,25 pint) rødvin 6 spsk rødvinseddike
- 225 g (8 oz) dåsetomater, groft hakkede 2 spsk tomatpuré
- 4 laurbærblade
- 2 tsk tørret oregano
- sort peber
- 2 spsk hakket persille

Vejbeskrivelse

a) Rengør først blæksprutten. Træk tentaklerne af, fjern og kassér tarmene og blækposen, øjnene og næbbet. Skift blæksprutten og vask og skrub den grundigt for at fjerne eventuelle spor af sand. Skær den i 4-5 cm (1,5-2 tommer) stykker og kom den i en gryde ved middel varme for at frigive væsken. Rør blæksprutten, indtil denne væske er fordampet. Hæld olien på og rør blæksprutten for at forsegle den på alle sider. Tilsæt de hele løg og steg dem under omrøring en eller to gange, indtil de får en let farve.

b) Tilsæt vin, eddike, tomater, tomatpuré, laurbærblade, oregano og adskillige formalinger af peber. Rør godt rundt, læg låg på gryden og lad det simre meget forsigtigt i 1-1,25 timer. Kontroller fra tid til anden, at saucen ikke er tørret ud. Hvis det gør - og det ville kun ske, hvis varmen var for høj - tilsæt lidt mere vin eller vand. Blæksprutten er kogt, når den nemt kan gennembores med et spyd.

c) Saucen skal være tyk, som en flydende pasta. Hvis noget af væsken skiller sig ud, så tag låget af gryden, skru lidt op for varmen og rør rundt, indtil noget af væsken fordamper og saucen tykner. Kassér laurbærbladene og rør persillen i. Smag saucen til og juster evt. Server, hvis du har lyst, med ris og en salat. En græsk nødvendighed er landbrød til at tørre saucen op.

SERVER 4-6

57. Syltet blæksprutte

ingredienser

- 1 kg (2,25 lb) ung blæksprutte
- ca. 150 ml (0,25 pint) olivenolie
- ca. 150 ml (0,25 pint) rødvinseddike 4 fed hvidløg
- salt og sort peber 4-6 stilke timian eller 1 tsk tørrede timianskiver, til servering

Vejbeskrivelse

a) Klargør og vask blæksprutten (som i blæksprutte i rødvin). Læg hovedet og tentaklerne i en gryde med 6-8 spsk vand, læg låg på og lad det simre i 1-1,25 time, indtil det er mørt. Test det med et spyd. Hæld eventuelt resterende væske fra og stil til afkøling.

b) Skær kødet i 12 mm (0,5 tommer) strimler og pak dem løst ind i en krukke med skruetop. Bland nok olie og eddike til at fylde glasset - den nøjagtige mængde afhænger af den relative mængde af fisk og skaldyr og beholderen - rør hvidløget i og smag til med salt og peber. Hvis du bruger tørret timian, skal du blande det med væsken på dette tidspunkt. Hæld det over blæksprutten, og sørg for, at hvert sidste stykke er helt nedsænket. Hvis du bruger timianstilke, så skub dem ned i glasset.

c) Dæk glasset til og stil det til side i mindst 4-5 dage før brug.

d) Til servering skal du dræne blæksprutten og servere den på små individuelle tallerkener eller underkopper med citronbåde.

e) Terninger af mindst en dag gammelt brød, spiddet på cocktailpinde, er det sædvanlige tilbehør.

SERVER 8

58. Blæksprutte kogt i vin

ingredienser
- 1 3/4 lb. blæksprutte (optøet)
- 4 spsk. olivenolie
- 2 store løg i skiver
- salt og peber
- 1 laurbærblad
- 1/4 kop tør hvidvin

Vejbeskrivelse

a) Fjern hovedsektionen fra blæksprutten. Ren. Vask arme.

b) Skær blæksprutten i mundrette stykker.

c) Kog i olivenolie over medium flamme ca. 10 minutter, vend regelmæssigt.

d) Tilsæt løg, krydderier og vin. Dæk til og lad det simre forsigtigt, indtil blæksprutten er mør, cirka 15 minutter.

Serverer 4

59. Siciliansk grillet baby blæksprutte

GØR 4 SERVERINGER

ingredienser

- 2½ pund renset og frossen baby blæksprutte
- 2 kopper fyldig rødvin, som f.eks
- Pinot Noir eller Cabernet Sauvignon
- 1 lille løg, skåret i skiver
- 1 tsk sorte peberkorn
- teskefuld hele nelliker
- 1 laurbærblad
- 1 kop siciliansk citrusmarinade
- ¾ kop udstenede og groft hakkede sicilianske eller Cerignola grønne oliven
- 3 ounce baby rucola blade
- 1 spsk hakket frisk mynte
- Groft havsalt og friskkværnet sort peber

Vejbeskrivelse

a) Skyl blæksprutten, og kom derefter i en suppegryde med vinen og nok vand til at dække. Tilsæt løg, pebernødder, nelliker og laurbærblad. Bring det i kog over høj varme, og reducer derefter varmen til middel-lav, læg låg på og lad det simre forsigtigt, indtil blæksprutten er mør nok til, at en kniv nemt kan trænge ind,

45 minutter til 1 time. Dræn blæksprutten og kassér væsken eller si og reserver til skaldyrsfond eller risotto. Når blæksprutten er kølig nok til at håndtere, skæres tentaklerne væk ved hovedet.

b) Kombiner blæksprutten og marinaden i en 1-gallon lynlåspose. Tryk luften ud, forsegl posen og stil den på køl i 2 til 3 timer. Tænd en grill for direkte medium-høj varme, omkring $450\frac{1}{4}$F.

c) Fjern blæksprutten fra marinaden, dup tør og lad den stå ved stuetemperatur i 20 minutter. Si marinaden over i en gryde og lad det simre ved middel varme. Tilsæt oliven og tag dem af varmen.

d) Pensl grillristen og smør den med olie. Grill blæksprutten direkte over varmen, indtil den er pænt grillmærket, 3 til 4 minutter pr. side, og tryk forsigtigt på blæksprutten for at få en god bruning. Anret rucolaen på et fad eller tallerkener og top med blæksprutten. Kom noget af den varme sauce, inklusive en god mængde oliven, på hver portion. Drys med mynte, salt og sort peber.

e)

SKAMLINGER

60. Seafood Pot Pie

ingredienser
- 1/2 kop tør hvidvin
- 1 pund havmuslinger, skåret i halve, hvis de er meget store
- 1 stor bagekartoffel, skrællet og skåret i 1/2 tomme terninger
- 3 spsk smør, blødgjort
- 1/2 kop skrællet og hakket tærte æble
- 1 stor gulerod, hakket
- 1 selleri ribben, hakket
- 1 stort løg, hakket
- 1 fed hvidløg, hakket
- 1 1/2 dl hønsebouillon
- 1/4 kop tung fløde
- 2 spsk universalmel
- 3/4 tsk salt
- 1/2 tsk friskkværnet hvid peber Knip cayennepeber
- 1 pund mellemstore rejer, pillede og deveirede
- 1 kop majskerner
- 1 lille krukke (3 1/2 ounce) pimiento-strimler
- 2 spsk hakket persille
- flaget wienerbrød

Vejbeskrivelse
a) I en medium ikke-reaktiv gryde bringes vinen i kog ved høj varme. Tilsæt

kammuslingerne og kog indtil de er lige uigennemsigtige hele vejen igennem, cirka 1 minut. Dræn kammuslingerne, behold væsken. I en anden mellemstor gryde med kogende saltet vand koges kartoflen, indtil den er lige mør, 6 til 8 minutter; dræn og sæt til side.

b) Forvarm ovnen til 425F. I en stor gryde smeltes 2 spsk af smørret over moderat høj varme. Tilsæt æble, gulerod, selleri og løg og kog indtil blandingen er blød og begynder at brune, cirka 6 minutter. Tilsæt hvidløg og steg i 1 minut længere. Hæld kyllingefonden i og skru op for varmen. Kog indtil det meste af væsken er fordampet, cirka 5 minutter.

c) Overfør æble-grøntsagsblandingen til en foodprocessor. Purér indtil glat. Vend tilbage til gryden og rør den reserverede kammuslingvæske og den tunge fløde i.

d) I en lille skål blandes melet i den resterende 1 spsk smør for at danne en pasta. Bring kammuslingcremen i kog ved moderat varme. Pisk gradvist smørpastaen i. Bring i kog, pisk indtil

e)

61. Bagte kammuslinger med hvidløgssauce

ingredienser
- 1 1/2 pund bay kammuslinger, skåret i halve
- 3 fed hvidløg, mosede
- 1/4 kop (1/2 stav) margarine, smeltet
- 10 faste hvide svampe i skiver
- Let skvæt løgsalt
- Et skvæt friskrevet peber
- 1/3 kop krydret brødkrummer
- 1 tsk finthakket frisk persille

Vejbeskrivelse

a) Tør kammuslinger af med fugtigt køkkenrulle. Mos hvidløgsfed og tilsæt margarine; rør godt for at blande. Holde varm. Hæld lidt af den smeltede hvidløgssauce i bunden af et bradefad; tilsæt svampene og krydr.

b) Læg kammuslingerne oven på svampene. Reserver 1 spsk hvidløgssauce og dryp resten på kammuslinger.

c) Drys med brødkrummer, persille og reserveret hvidløgssauce. Bages i forvarmet 375 grader F ovn, indtil toppen er pænt brunet og boblende varm.

62. Kammuslinger provencalsk

ingredienser
- 2 tsk olivenolie
- 1 pund havmuslinger
- 1/2 kop tyndt skåret løg, delt i ringe 1 fed hvidløg, hakket
- 1 kop almindelige eller blommetomater i tern
- 1/4 kop hakkede modne oliven
- 1 spsk tørret basilikum
- 1/4 tsk tørret timian
- 1/8 tsk salt
- 1/8 tsk friskkværnet peber

Vejbeskrivelse
a) Varm olivenolie op i en stor nonstick-gryde over medium-høj varme. Tilsæt kammuslinger, og sauter 4 minutter eller indtil færdig.
b) Fjern kammuslinger fra stegepanden med en hulske; sæt til side, og hold varmen.
c) Tilsæt løgringe og hvidløg i gryden, og svits i 1-2 minutter. Tilsæt tomater og de resterende ingredienser og sauter 2 minutter eller indtil de er møre.

Hæld sauce over kammuslinger

63. Kammuslinger med hvid smørsauce

ingredienser
- 750 g (1=lb.) kammuslinger
- 1 dl hvidvin
- 90 g (3 ozs) sneærter eller tynde skiver grønne bønner
- et par purløg til pynt
- salt og friskkværnet peber
- lidt citronsaft
- 1 spiseskefulde hakket grønne løg 125 g (4 ozs)
- smør skåret i stykker

Vejbeskrivelse

a) Fjern eventuelle skæg fra kammuslingerne og vask dem. Fjern forsigtigt rognene og læg dem på køkkenrulle til tørre. Smag til med salt og peber.

b) Pocherer kammuslingerne og rognene i vin og citronsaft i ca. 2 minutter. Fjern og hold varmt. Dryp sneærter ned i kogende saltet vand i 1 min., afdryp, gør det samme med bønner, hvis du bruger.

c) Tilføj det grønne løg til pocheringsvæsken og reducer til ca. 1/2 kop. Tilsæt smør lidt ad gangen ved svag varme, og pisk det ind for at lave en sauce (konsistensen af at hælde fløde).

d) Server med sprødt brød til at tørre den dejlige sauce op.

KLULLE

64. Kuller med urtesmør

Giver 4 portioner

ingredienser
Urtesmør:

- 1 kop (2 stænger) usaltet smør, blødgjort
- ½ kop løst pakket basilikum
- ½ kop løst pakket persille
- ½ skalotteløg
- 1 lille fed hvidløg
- ½ tsk salt
- 1/8 tsk peber

Karameliserede løg:

- 1-spsk smør
- 2 store løg, skåret i skiver
- ½ tsk salt
- ¼ tsk friskkværnet sort peber
- 2 spsk friske timianblade, eller 1 tsk tørret
- 2 pund kuller
- 3 tomater, skåret i skiver

Vejbeskrivelse
a) Lav urtesmøret ved at forarbejde det blødgjorte smør, basilikum, persille,

skalotteløg, hvidløg, salt og peber sammen.

b) Vend smørret på et stykke plastfolie og form smørret til en kugle. Pak den ind i plastfolien og køl eller frys den. Varm smør og olie op i en mellemstor stegepande over middel-lav varme.

c) Tilsæt løgene og steg, indtil de begynder at blive bløde, under omrøring af og til i cirka 15 minutter.

d) Tilsæt salt og peber; Hæv varmen lidt, og kog indtil gyldenbrun, omrør lejlighedsvis, 30 til 35 minutter. Rør timian i.

e) Forvarm ovnen til 375°. Olie en 9 x 13-tommer pande.

f) Fordel løgene i bunden af gryden, og læg derefter kuller på løgene.

g) Dæk kulleren med de snittede tomater.

h) Bages indtil kulleren stadig er en lille smule uigennemsigtig i midten (ca. 20 minutter). Det bliver ved med at koge, når du tager det ud af ovnen.

i) Skær urtesmøret i $\frac{1}{4}$-tommers medaljoner og læg dem oven på tomaterne og server.

65. Cajun krydret kuller

ingredienser
- 1 Kullerfilet
- Hvedemel
- 1 tsk Cajun Spice
- 75 g ananas i tern
- 1 forårsløg
- 10 g rødløg
- 10 g rød peber
- 10 g olivenolie

Vejbeskrivelse

a) Til salsaen skæres ananasen i tern på 1 cm, rødløg, 1 forårsløg og ristet og flået rød peber fint. Tilsæt olie og rødvinseddike og lad det stå i en tildækket skål ved stuetemperatur i 1 time.

b) Bland melet med Cajun-krydderiet og overtræk den krydrede kullerfilet.

c) Steg kulleren på panden og server toppet med salsaen.

66. Kuller, porre og kartoffelsuppe

ingredienser
- 1/4 Kullerfilet
- 25 g porre i skiver
- 25 g kartoffel i tern
- 15 g hakket løg
- 250 ml fløde
- 100 ml fiskefond
- Hakket persille

Vejbeskrivelse

a) Steg den vaskede og hakkede porre på panden.

b) Når porren er blødgjort tilsættes kartoflen og løget.

c) Når grøntsagerne er varme tilsættes fløde og bouillon og koges op. Skru ned til kogepunktet og tilsæt den hakkede kuller.

d) Lad det simre i 10 minutter og tilsæt hakket persille under servering.

67. Røget kuller og tomatchutney

Ingredienser:

- 3 x 175g røget kullerfileter
- 30 små færdiglavede tarteletkopper

Sjælden bit

- 325 g stærk cheddarost
- 75 ml mælk
- 1 æggeblomme
- 1 helt æg
- 1/2 spsk sennepspulver
- 30 g almindeligt mel
- 1/2 tsk Worcester sauce, Tabasco sauce
- 25 g friske hvide rasp
- Krydderi

Tomatchutney

- 15 g rod ingefær
- 4 røde chili
- 2 kg røde tomater
- 500 g æbler, skrællet og hakket
- 200 g sultanas
- 400 g chunky hakkede skalotteløg
- Salt
- 450 g brun farin
- 570 ml malteddike

Vejbeskrivelse

a) Krydr kulleren godt og sæt den i ovnen med lidt olivenolie og steg i cirka 5-6 minutter.

b) Riv osten og kom den i gryden med mælken og varm forsigtigt op i en gryde til den er opløst, tag den af varmen og afkøl.

c) Tilsæt hele ægget og blommen, sennep, brødkrummer og en sjat både Worcester og Tabasco, krydr og lad afkøle.

d) Flæk kulleren for at fjerne eventuelle ben, og læg chutneyen i bunden af tærterne, top med flaget fisk. Forvarm grillen til høj varme og top kulleren med rarebit og læg under grillen, indtil den er gyldenbrun på toppen.

e) Fjern kulleren fra grillen og server med det samme.

LAKS

68. Magisk bagt laks

(Gør 1 portion)

ingredienser

- 1 laksefilet
- 2 tsk Salmon Magic
- Usaltet smør, smeltet

Vejbeskrivelse
a) Forvarm ovnen til 450 F.
b) Pensl let toppen og siderne af laksefileten med smeltet smør. Pensl let en lille pladeform med smeltet smør.
c) Krydr toppen og siderne af laksefileten med Salmon Magic. Hvis fileten er tyk, så brug lidt mere Salmon Magic. Pres krydderierne forsigtigt i.
d) Læg fileten på bradepanden og bag til toppen er gyldenbrun, og fileten lige er gennemstegt. For at få fugtig, lyserød laks, må du ikke overkoge. Server straks.
e) Tilberedningstid: 4 til 6 minutter.

69. Laks med granatæble og quinoa

Portioner: 4 portioner

ingredienser

- 4 laksefileter, uden skind
- ¾ kop granatæblejuice, sukkerfri (eller lavt sukkerindhold)
- ¼ kop appelsinjuice, uden sukker
- 2 spsk appelsinmarmelade/marmelade
- 2 spsk hvidløg, hakket
- Salt og peber efter smag
- 1 kop quinoa, kogt i henhold til pakken
- Et par kviste koriander

Rutevejledning:

a) I en mellemstor skål kombineres granatæblejuice, appelsinjuice, appelsinmarmelade og hvidløg. Smag til med salt og peber og juster smagen efter behag.

b) Forvarm ovnen til 400F. Smør bageformen med blødt smør. Placer laksen på bradepanden, så der er 1-tommers mellemrum mellem fileterne.

c) Kog laksen i 8-10 minutter. Tag herefter forsigtigt gryden ud af ovnen og hæld granatæbleblandingen i. Sørg for, at toppen af laksen er jævnt belagt med blandingen. Sæt laksen tilbage i ovnen og steg i 5 minutter mere, eller indtil den er gennemstegt og granatæbleblandingen er blevet til en gylden glasur.

d) Mens laksen koger tilberedes quinoaen. Kog 2 kopper vand over middel varme og tilsæt quinoaen. Kog i 5-8 minutter eller indtil vandet er absorberet. Sluk for varmen, luft quinoaen med en gaffel og læg låget tilbage. Lad restvarmen koge quinoaen i 5 minutter mere.

e) Overfør den granatæbleglaserede laks til et serveringsfad og drys lidt friskhakket koriander. Server laksen med quinoa.

70. Bagt laks og søde kartofler

Portioner: 4 portioner

ingredienser

- 4 laksefileter, skindet fjernet
- 4 mellemstore søde kartofler, skrællet og skåret i 1-tommer tykke
- 1 kop broccolibuketter
- 4 spiseskefulde ren honning (eller ahornsirup)
- 2 spsk appelsinmarmelade/marmelade
- 1 1-tommers frisk ingefærknop, revet
- 1 tsk dijonsennep
- 1 spsk sesamfrø, ristede
- 2 spsk usaltet smør, smeltet
- 2 tsk sesamolie
- Salt og peber efter smag
- Forårsløg/spidskål, friskhakket

Rutevejledning:

a) Forvarm ovnen til 400F. Smør bradepanden med smeltet usaltet smør.

b) Læg de skåret søde kartofler og broccolibuketter i gryden. Smag let til med salt, peber og en teskefuld sesamolie. Sørg for, at grøntsagerne er let belagt med sesamolie.

c) Bag kartoflerne og broccolien i 10-12 minutter.

d) Mens grøntsagerne stadig er i ovnen, tilberedes den søde glasur. I en røreskål tilsættes honning (eller ahornsirup), appelsinmarmelade, revet ingefær, sesamolie og sennep.

e) Tag forsigtigt bradepanden ud af ovnen og fordel grøntsagerne til siden for at give plads til fisken.

f) Krydr laksen let med salt og peber.

g) Læg laksefileterne i midten af bradepanden og hæld den søde glasur over laksen og grøntsagerne.

h) Sæt gryden tilbage i ovnen og steg i yderligere 8-10 minutter, eller indtil laksen er mør.

i) Overfør laks, søde kartofler og broccoli til et flot serveringsfad. Pynt med sesamfrø og forårsløg.

71. Bagt laks med sorte bønnesauce

Portioner: 4 portioner

ingredienser

- 4 laksefileter, skind og ben fjernet
- 3 spiseskefulde sorte bønnesauce eller sorte bønne hvidløgssauce
- ½ kop hønsefond (eller grøntsagsfond som en sundere erstatning)
- 3 spsk hvidløg, hakket
- 1 1-tommers frisk ingefærknop, revet
- 2 spsk sherry eller sake (eller enhver madlavningsvin)
- 1 spsk citronsaft, friskpresset
- 1 spsk fiskesauce
- 2 spsk brun farin
- ½ tsk røde chiliflager
- Friske korianderblade, finthakket
- Forårsløg som pynt

Rutevejledning:

a) Smør en stor bradepande eller beklæd den samme med bagepapir. Forvarm ovnen til 350F.
b) Kombiner hønsefond og sort bønnesauce i en mellemstor skål. Tilsæt hakket hvidløg, revet ingefær, sherry, citronsaft, fiskesauce, farin og chiliflager. Bland grundigt indtil brun farin er helt opløst.
c) Hæld den sorte bønnesauce over laksefileterne og lad laksen absorbere den sorte bønneblanding helt i mindst 15 minutter.
d) Overfør laksen til bageformen. Kog i 15-20 minutter. Sørg for, at laksen ikke bliver for tør i ovnen.
e) Server med hakket koriander og forårsløg.

72. Paprika grillet laks med spinat

Portioner: 6 portioner

ingredienser

- 6 lyserøde laksefileter, 1 tomme tykke
- ¼ kop appelsinjuice, friskpresset
- 3 tsk tørret timian
- 3 spiseskefulde ekstra jomfru olivenolie
- 3 tsk sød paprikapulver
- 1 tsk kanelpulver
- 1 spsk brun farin
- 3 kopper spinatblade
- Salt og peber efter smag

Rutevejledning:

a) Pensl lidt oliven på hver side af laksefileterne, og krydr med paprikapulver, salt og peber. Stil til side i 30 minutter ved stuetemperatur. Lad laksen absorbere paprika rub.

b) I en lille skål blandes appelsinjuice, tørret timian, kanelpulver og brun farin.

c) Forvarm ovnen til 400F. Overfør laksen til en foliebeklædt bradepande. Hæld marinaden til laksen. Kog laksen i 15-20 minutter.
d) Tilsæt en teskefulde ekstra jomfru olivenolie i en stor stegepande og kog spinaten i cirka et par minutter, eller indtil den er visnet.
e) Server den bagte laks med spinat ved siden af.

73. Laks Teriyaki med grøntsager

Portioner: 4 portioner

ingredienser

- 4 laksefileter, skind og ben fjernet
- 1 stor sød kartoffel (eller blot kartoffel), skåret i mundrette stykker
- 1 stor gulerod, skåret i mundrette stykker
- 1 stort hvidt løg, skåret i tern
- 3 store peberfrugter (grøn, rød og gul), hakket
- 2 kopper broccolibuketter (kan erstattes med asparges)
- 2 spsk ekstra jomfru olivenolie
- Salt og peber efter smag
- Forårsløg, finthakket
- Teriyaki sauce
- 1 kop vand
- 3 spiseskefulde sojasovs
- 1 spsk hvidløg, hakket
- 3 spsk brun farin
- 2 spsk ren honning
- 2 spsk majsstivelse (opløst i 3 spsk vand)
- $\frac{1}{2}$ spiseskefulde ristede sesamfrø

Rutevejledning:

a) I en lille stegepande piskes sojasovs, ingefær, hvidløg, sukker, honning og vand ved lav varme. Rør konstant, indtil blandingen simrer langsomt. Rør majsstivelsesvandet i og vent til blandingen tykner. Tilsæt sesamfrø og stil til side.
b) Smør en stor bradepande med usaltet smør eller madlavningsspray. Forvarm ovnen til 400F.
c) Hæld alle grøntsagerne i en stor skål og dryp med olivenolie. Bland godt, indtil grøntsagerne er godt belagt med olie. Smag til med friskkværnet peber og en smule salt. Overfør grøntsagerne til bageformen. Spred grøntsagerne til siderne og lad lidt plads i midten af bageformen.
d) Læg laksen i midten af bageformen. Hæld 2/3 af teriyakisaucen i grøntsagerne og laksen.
e) Bag laksen i 15-20 minutter.
f) Overfør den bagte laks og de ristede grøntsager til et flot serveringsfad.

Hæld den resterende teriyakisauce i og pynt med hakkede forårsløg.

74. Laks i asiatisk stil med nudler

Portioner: 4 portioner

ingredienser

Laks

- 4 laksefileter, skindet fjernet
- 2 spiseskefulde ristet sesamolie
- 2 spsk ren honning
- 3 spsk let sojasovs
- 2 spsk hvid eddike
- 2 spsk hvidløg, hakket
- 2 spsk frisk ingefær, revet
- 1 tsk ristede sesamfrø
- Hakket forårsløg til pynt

Risnudler

- 1 pakke asiatiske risnudler

Sovs

- 2 spsk fiskesauce
- 3 spsk limesaft, friskpresset
- Chiliflager

Rutevejledning:

a) Til laksemarinade kombineres sesamolie, sojasovs, eddike, honning, hakket hvidløg og sesamfrø. Hæld i laksen og lad fisken marinere i 10-15 minutter.
b) Læg laksen i et ovnfast fad, som er smurt let med olivenolie. Kog i 10-15 minutter ved 420F.
c) Mens laksen er i ovnen tilberedes risnudlerne efter pakkens anvisning. Dræn godt af og overfør til individuelle skåle.
d) Bland fiskesauce, limesaft og chiliflager og hæld i risnudlerne.
e) Top hver nudelskål med friskbagte laksefileter. Pynt med forårsløg og sesamfrø.

75. Pocheret laks i tomat hvidløgsbouillon

Serverer 4

ingredienser

- 8 fed hvidløg
- skalotteløg
- teskefulde ekstra jomfru olivenolie
- 5 modne tomater
- 1 1/2 dl tør hvidvin
- 1 kop vand
- 8 kviste timian 1/4 tsk havsalt
- 1/4 tsk frisk sort peber
- 4 Copper River Sockeye laksefileter hvid trøffelolie (valgfrit)

Vejbeskrivelse

a) Pil og hak hvidløgsfed og skalotteløg groft. Læg olivenolie, hvidløg og skalotteløg i et stort braiseringsfad eller sauterpande med låg. Sved over medium-lav varme, indtil de er bløde, cirka 3 minutter.

b) Kom tomater, vin, vand, timian, salt og peber i gryden og bring det i kog. Når det koger, reducer du varmen til en simre og læg låg på.

c) Lad det simre i 25 minutter, indtil tomaterne er sprængt og frigiver deres saft. Med en træske eller spatel knuses tomaterne til en frugtkød. Lad det simre uden låg i yderligere 5 minutter, indtil bouillonen er reduceret en smule.

d) Mens bouillonen stadig simrer, lægges laksen i bouillonen. Dæk og pocher i kun 5 til 6 minutter, indtil fisken let flager. Læg fisken på et fad og stil til side. Læg en si i en stor skål og hæld den resterende bouillon i sigten. Si bouillonen og kasser de faste stoffer, der er tilbage. Smag på bouillonen og tilsæt salt og peber, hvis det er nødvendigt.

e) Simpel kartoffelmos eller endda ristede kartofler er en god side med dette måltid. Top derefter med sauterede asparges og den pocherede laks.

f) Hæld den sigtede bouillon rundt om laksen. Tilføj et skvæt hvid trøffelolie, hvis det ønskes. Tjene.

76. Pocheret laks

ingredienser

- Små laksefileter, cirka 6 ounce

Vejbeskrivelse

a) Kom cirka en halv tomme vand i en lille 5-6-tommer stegepande, dæk den, opvarm vandet til at simre, og læg derefter fileten tildækket i fire minutter.
b) Tilsæt det krydderi du kan lide til laksen eller til vandet.
c) De fire minutter efterlader midten ukogt og meget saftig.
d) Lad fileten køle lidt af og skær den i halvanden tomme brede stykker.
e) Tilføj til en salat inklusive salat (enhver slags) god tomat, dejlig moden avocado, rødløg, croutoner og enhver velsmagende dressing.

77. Pocheret laks med grøn urtesalsa

Portioner: 4 portioner

ingredienser

- 3 kopper vand
- 4 grønne teposer
- 2 store laksefileter (ca. 350 gram hver)
- 4 spiseskefulde ekstra jomfru olivenolie
- 3 spsk citronsaft, friskpresset
- 2 spsk persille, friskhakket
- 2 spsk basilikum, friskhakket
- 2 spsk oregano, friskhakket
- 2 spsk asiatisk purløg, friskhakket
- 2 tsk timianblade
- 2 tsk hvidløg, hakket

Rutevejledning:

a) Bring vand i kog i en stor gryde. Tilsæt de grønne teposer, og tag dem derefter af varmen.

b) Lad teposerne trække i 3 minutter. Fisk teposerne op af gryden og bring det teinfunderede vand i kog. Tilsæt laksen og sænk varmen.

c) Pocher laksefileterne, indtil de bliver uigennemsigtige i den midterste del. Kog laksen i 5-8 minutter eller indtil den er gennemstegt.

d) Tag laksen op af gryden og stil den til side.

e) I en blender eller foodprocessor hælder du alle de friskhakkede krydderurter, olivenolie og citronsaft. Blend godt indtil blandingen danner en glat pasta. Smag pastaen til med salt og peber. Du kan justere krydderierne efter behov.

f) Anret den pocherede laks på et stort fad og top med den friske urtepasta.

78. Kold pocheret laksesalat

Udbytte: 2 portioner

ingredienser

- 1 spsk hakket selleri
- 1 spsk hakkede gulerødder
- 2 spsk grofthakkede løg
- 2 dl vand
- 1 kop hvidvin
- 1 laurbærblad
- 1½ tsk salt
- 1 citron; skåret i halve
- 2 kviste persille
- 5 sorte peberkorn
- 9-ounce center-skåret laksefilet
- 4 kop babyspinat; gjort rent
- 1 spsk citronsaft
- 1 tsk hakket citronskal
- 2 spsk hakket frisk dild

- 2 spsk hakket frisk persille
- ½ kop olivenolie
- 1½ tsk hakkede skalotteløg
- 1 salt; at smage
- 1 friskkværnet sort peber; at smage

Vejbeskrivelse

a) I en lav pande placeres selleri, gulerødder, løg, vin, vand, laurbærblad, salt, citron, persille og peberkorn. Bring det i kog, reducer varmen, og læg forsigtigt laksestykkerne i den simrende væske, læg låg på og lad det simre i 4 minutter. Imens laver du marinaden.

b) Bland citronsaft, skal, dild, persille, olivenolie, skalotteløg, salt og peber i en skål. Hæld marinaden i en ikke-reaktiv pande eller beholder med flad bund og lige nok plads til at lægge den kogte laks. Fjern nu laksen fra gryden og læg den i marinaden. Lad afkøle i 1 time.

c) Vend spinaten i lidt af marinaden og smag til med salt og peber, og fordel mellem to serveringsplader. Brug en hulspatel til at placere laksen ovenpå spinaten.

79. Pocheret laks med sticky rice

Udbytte: 1 portioner

ingredienser

- 5 kopper olivenolie
- 2 hoveder ingefær; smadret
- 1 hoved hvidløg; smadret
- 1 bundt spidskål; skåret
- 4 stykker laks; (6 ounce)
- 2 kopper japansk ris; dampet
- $\frac{3}{4}$ kop Mirin
- 2 spidskål; skåret
- $\frac{1}{2}$ kop tørrede kirsebær
- $\frac{1}{2}$ kop tørrede blåbær
- 1 Ark nori; smuldrede
- $\frac{1}{2}$ kop citronsaft
- $\frac{1}{2}$ kop fiskefond
- $\frac{1}{4}$ kop isvin
- $\frac{3}{4}$ kop vindruekerneolie

- ½ kop lufttørret majs

Vejbeskrivelse

a) I en gryde bringes olivenolien op på 160 grader. Tilsæt den knuste ingefær, hvidløg og spidskål. Tag blandingen af varmen og lad den trække i 2 timer. Stamme.

b) Damp risene og krydr derefter med mirin. Når det er afkølet, blandes de skårne spidskål, tørret i en gryde. Bring olivenolien op på 160 grader. Tilsæt den knuste ingefær, hvidløg og spidskål. Tag bær og tang.

c) For at lave saucen skal du bringe citronsaft, fiskefond og isvin i kog. Fjern fra varmen og bland vindruekerneolien i. Smag til med salt og peber.

d) For at pochere fisken, bringes pocheringsolien op på omkring 160 grader i en dyb gryde. Krydr laksen med salt og peber og sænk forsigtigt hele fiskestykket i olien. Lad det pochere forsigtigt i cirka 5 minutter eller indtil sjældent-medium.

e) Mens fisken koger, læg rissalat på tallerken og dryp med citronsauce. Læg pocheret fisk på rissalat, når den er færdig med at blive pocheret.

80. Citrus laksefilet

Serverer 4 personer

ingredienser

- ¾ kg frisk laksefilet
- 2 spsk Manuka-smag eller almindelig honning
- 1 spsk Friskpresset limesaft
- 1 spsk Friskpresset appelsinjuice
- ½ spsk limeskal
- ½ spsk appelsinskal
- ½ knivspids salt og peber
- ½ lime skåret i skiver
- ½ appelsin i skiver
- ½ håndfuld frisk timian og mikrourter

Vejbeskrivelse

a) Brug omkring 1,5 kg + frisk kongelig laksefilet, hud på, ben ud.

b) Tilsæt appelsin, lime, honning, salt, peber og skal – bland godt
c) En halv time før tilberedning glaser fileten med en wienerbrødspensel og flydende citrus.
d) Skær appelsin og lime i tynde skiver
e) Bag ved 190 grader i 30 minutter og tjek derefter, det kan tage yderligere 5 minutter afhængigt af hvordan du foretrækker din laks.
f) Tag ud af ovnen og drys med frisk timian og mikrourter

81. Lakse Lasagne

Serverer 4 personer

ingredienser

- 2/3 del(e) Mælk til pochering
- 2/3 gram Kogte lasagneplader
- 2/3 kop(e) Frisk dild
- 2/3 kop ærter
- 2/3 kop parmesan
- 2/3 kugle mozzarella
- 2/3 sauce
- 2/3 pose babyspinat
- 2/3 kop(e) fløde
- 2/3 tsk(e) Muskatnød

Vejbeskrivelse

a) Lav først béchamel- og spinatsauce og pocher laksen. Til béchamelsaucen smeltes smørret i en lille gryde. Rør melet og kog i et par minutter, indtil det er skummende, under konstant omrøring.

b) Tilsæt gradvist den varme mælk under hele tiden, indtil saucen er jævn. Bring let i kog, under konstant omrøring, indtil saucen tykner. Smag til med salt og peber.

c) For at lave spinatsauce skal du trimme og vaske spinat. Mens vandet stadig klæber til bladene, læg spinaten i en stor gryde, dæk med låg og lad det simre forsigtigt, indtil bladene lige er visne.

d) Dræn og pres overskydende vand ud. Overfør spinat til en blender eller foodprocessor tilsæt fløde og muskatnød. Puls for at kombinere og smag til med salt og peber.

e) Forvarm ovnen til 180 grader. Smør en stor ovnfast fad. Pocher forsigtigt laksen i mælk, indtil den er lige kogt, og bræk den derefter i gode stykker. Kassér mælken.

f) Dæk bunden af bageformen tyndt med 1 kop béchamelsauce.

g) Fordel et overlappende lag lasagneplader over saucen, fordel derefter et lag spinatsauce på og læg halvdelen af laksestykkerne jævnt over dette. Drys med lidt hakket dild. Læg endnu et lag lasagne på, tilsæt derefter et lag bechamelsauce og drys dette med ærter til et groft dække.

h) Gentag lagene igen, så det er lasagne, spinat og laks, dild, lasagne, béchamelsauce og derefter ærter. Afslut med et sidste lag lasagne, derefter et tyndt lag bechamelsauce. Top med revet parmesanost, og stykker frisk mozzarella.

i) Bag lasagnen i 30 minutter, eller indtil den er varm og

82. Teriyaki laksefileter

Serverer 4 personer

ingredienser

- 140 gram 2 x twin Regal 140g Friske lakseportioner
- 1 kop (r) flormelis
- 60 ml sojasovs
- 60 ml mirin krydderi
- 60 ml mirin krydderi
- 1 pakke økologiske udonnudler

Vejbeskrivelse

a) Mariner 4 x 140 g stykker frisk Regal laks med strøsukker, sojasauce, mirin sauce, bland alle 3 ingredienser godt sammen og lad det stå på laksen i 30 minutter.

b) Kog vand op og tilsæt de økologiske udonnudler og lad dem koge hurtigt i 10 minutter.

c) Skær skalotteløg i tynde skiver og stil til side.

d) Steg laksefiletportioner i en stegepande ved middel til høj varme i 5 minutter og vend derefter fra side til side, og hæld eventuelt ekstra sauce på.

e) Når nudlerne er klar fordelt på tallerken, top med laks

83. Sprød skind laks med kapersdressing

Serverer 4 personer

ingredienser

- 4 frisk NZ laksefilet 140g portioner
- 200 ml Premium olivenolie
- 160 ml hvid balsamicoeddike
- 2 knuste hvidløgsfed
- 4 spsk kapers hakket
- 4 spsk hakket persille
- 2 spsk dild hakket

Vejbeskrivelse

a) Overtræk laksefileterne i 20 ml olivenolie og krydr med salt og peber.

b) Kog ved høj varme med en slip-let pande i 5 minutter, vend top til bund og side til side.

c) Kom de resterende ingredienser i en skål og pisk, dette er din dressing, når laksen er kogt, hæld dressingen over fileten med skindsiden opad.

d) Server med en pære, valnød, halloumi og rucolasalat

84. Laksefilet med kaviar

Serverer 4 personer

ingredienser

- 1 tsk salt
- 1 limebåde
- 10 Skalotteløg (løg) pillede
- 2 spsk sojaolie (ekstra til børstning)
- 250 gram cherrytomater halveret
- 1 lille grøn chili i tynde skiver
- 4 spsk limesaft
- 3 spsk fiskesauce
- 1 spsk sukker
- 1 håndfuld korianderkviste
- 1 1/2kg Frisk Laksefilet s/on b/out
- 1 krukke lakserogn (kaviar)
- 3/4 agurk skrællet, halveret på langs, kernet ud og skåret i tynde skiver

Vejbeskrivelse

a) Forvarm ovnen til 200°C, men skåret agurk i en keramisk skål, med salt, sæt til side i 30 minutter, så den kan sylte.

b) Læg skalotteløg i et lille bradefad, tilsæt sojaolien, bland godt og sæt i ovnen i 30 minutter, til de er møre og godt brunede.

c) Tag den ud af ovnen og stil den til afkøling, vask imens den saltede agurk godt under rigeligt koldt rindende vand, pres den tør i håndfulde og kom den i en skål.

d) Forvarm ovngrillen til meget varm, halver skalotteløgene og kom dem i agurken.

e) Tilsæt tomater, chili, limesaft, fiskesauce, sukker, korianderkviste og sesamolie og bland godt.

f) Smag til – juster evt. det søde, med sukker og limesaft – sæt til side.

g) Læg laksen på oliesmurt bagepapir, pensl toppen af laksen med sojaolie, krydr med salt og peber, læg under grillen i 10 minutter, eller indtil den netop er kogt og let brunet.

h) Tag den ud af ovnen, læg den på et fad, drys med tomat- og agurkeblandingen og skefulde lakserogn.

i) Server med limebåde og ris

85. Ansjosgrillede laksebøffer

Udbytte: 4 portioner

Ingrediens

- 4 Laksebøffer
- Persillekviste
- Citronbåde ---ansjossmør-----
- 6 Ansjosfileter
- 2 spsk Mælk
- 6 spsk Smør
- 1 dråbe Tabasco sauce
- Peber

Vejbeskrivelse

a) Forvarm grillen til høj varme. Olér grillstativet, og læg hver bøf for at sikre en jævn varme. Læg en lille klat Ansjossmør (del en fjerdedel af blandingen i fire) på hver bøf. Grill i 4 minutter.

b) Vend bøfferne med en fiskeskive og læg endnu en fjerdedel af smørret blandt bøfferne. Grill på anden side 4 minutter. Reducer varmen og lad stege i yderligere 3 minutter, mindre hvis bøfferne er tynde.

c) Server med en pænt anrettet klat ansjossmør på toppen af hver bøf.

d) Pynt med persillekviste og citronbåde.

e) Ansjossmør: Udblød alle ansjosfileterne i mælk. Mos i en skål med en træske, til det er cremet. Rør alle ingredienser sammen og afkøl.

f) Serverer 4.

86. BBQ røggrillet laks

Udbytte: 4 portioner

Ingrediens

- 1 tsk revet limeskal
- ¼ kop limesaft
- 1 spsk vegetabilsk olie
- 1 tsk dijonsennep
- 1 knivspids peber
- 4 laksebøffer, 1 tomme tykke [1-1/2 lb.]
- ⅓ kop ristet sesamfrø

Vejbeskrivelse

a) Kombiner limeskal og saft, olie, sennep og peber i et lavt fad; tilsæt fisk, vend til pels. Dæk til og mariner ved stuetemperatur i 30 minutter, vend af og til.

b) Reservation af marinade, fjern fisk; drys med sesamfrø. Placer på en smurt grill direkte over medium varme. Tilsæt opblødte træflis.

c) Dæk og kog, vend og drys med marinade halvvejs igennem, i 16-20 minutter, eller indtil fisken let flager, når den testes med gaffel.

87. Kulgrillet laks og sorte bønner

Udbytte: 4 portioner

Ingrediens

- ½ pund sorte bønner; gennemblødt
- 1 lille løg; hakket
- 1 lille gulerod
- ½ Selleri Rib
- 2 ounces skinke; hakket
- 2 Jalapeno peberfrugter; opstammet og skåret i tern
- 1 fed hvidløg
- 1 laurbærblad; bundet sammen med
- 3 kviste timian
- 5 kopper vand
- 2 fed hvidløg; hakket
- ½ tsk Hot Pepper Flakes
- ½ citron; juiced

- 1 citron; juiced
- ⅓ kop olivenolie
- 2 spsk frisk basilikum; hakket
- 24 ounce Laksesteaks

Vejbeskrivelse

a) Kom bønner, løg, gulerod, selleri, skinke, jalapenos, hele fed hvidløg, laurbærblad med timian og vand i en stor gryde. Lad det simre, indtil bønnerne er møre, cirka 2 timer, og tilsæt mere vand efter behov for at holde bønnerne dækket.

b) Fjern gulerod, selleri, krydderurter og hvidløg, og hæld den resterende kogevæske fra. Vend bønnerne med hakket hvidløg, peberflager og saften af ½ citron. Sæt til side.

c) Mens bønnerne koger, kombineres saften af en hel citron, olivenolie og basilikumblade. Hæld laksebøfferne over, og stil på køl i 1 time. Grill laksen over et moderat højt blus i 4-5 minutter på hver side, og drys med lidt af marinaden hvert minut. Server hver bøf med en portion bønner.

88. Firecracker grillet Alaska laks

Udbytte: 4 portioner

Ingrediens

- 46 oz. laksebøffer
- ¼ kop jordnøddeolie
- 2 spsk sojasovs
- 2 spsk balsamicoeddike
- 2 spsk Hakket spidskål
- 1½ tsk brun farin
- 1 fed hvidløg, hakket
- ¾ tsk revet frisk ingefærrod
- ½ tsk Røde chiliflager, eller mere til
- Smag
- ½ tsk sesamolie
- ⅛ tsk salt

Vejbeskrivelse

a) Læg laksebøfferne i et glasfad. Pisk de resterende ingredienser sammen og hæld over laksen.

b) Dæk med plastfolie og mariner i køleskabet i 4 til 6 timer. Varm grillen op. Fjern laksen fra marinaden, pensl grillen med olie og læg laksen på grillen.

c) Grill ved medium varme i 10 minutter pr. tomme tykkelse, målt på den tykkeste del, vend halvvejs gennem tilberedningen, eller indtil fisken lige flager, når den testes med en gaffel.

89. Flash grillet laks

Udbytte: 1 portioner

Ingrediens

- 3 ounces laks
- 1 spsk Olivenolie
- ½ citron; saft af
- 1 tsk purløg
- 1 tsk Persille
- 1 tsk Friskkværnet peber
- 1 spsk sojasovs
- 1 spsk ahornsirup
- 4 æggeblommer
- ¼ pint fiskefond
- ¼ pint hvidvin
- 125 milliliter Dobbelt creme
- Purløg
- Persille

Vejbeskrivelse

a) Skær laksen i tynde skiver og kom den i en beholder med olivenolie, ahornsirup, sojasauce, peber og citronsaft i 10-20 minutter.

b) Sabayon: Pisk æg over en bain marie. Reducer hvidvin og fiskefond i en gryde. Tilsæt blandingen til æggehvider og pisk. Tilsæt fløde under stadig piskning.

c) Læg de tynde skiver laks på serveringsfadet og dryp lidt af sabayonen på. Stil kun under grillen i 2-3 minutter.

d) Fjern og servér straks med lidt purløg og persille.

e)

90. Grillet laks og
    blæksprutteblækpasta

Udbytte: 1 portioner

Ingrediens

- 4 200 g; (7-8 oz) stykker laksefilet
- Salt og peber
- 20 milliliter vegetabilsk olie; (3/4 oz)
- Olivenolie til stegning
- 3 finthakkede fed hvidløg
- 3 finthakkede tomater
- 1 finthakket forårsløg
- Krydderi
- 1 Broccoli

Vejbeskrivelse

a) Pasta: du kan købe blæksprutteblækposer hos en god fiskehandler ... eller bruge din yndlingspasta

b) Forvarm ovnen til 240øC/475øF/gasmærke 9.

c) Krydr stykkerne af laksefilet med salt og peber. Varm en slip-let pande op, og tilsæt derefter olie. Kom laksen i gryden og svits på hver side i 30 sekunder.

d) Flyt fisken over på en bageplade, og steg derefter i 6-8 minutter, indtil fisken flager, men stadig er lidt lyserød i midten. Lad hvile i 2 minutter.

e) Flyt fisken over på varme tallerkener og hæld saucen over.

f) Kog broccolien med pastaen i cirka 5 minutter.

g) Hæld lidt olie i gryden, tilsæt hvidløg, tomater og forårsløg. Steg ved svag varme i 5 minutter, tilsæt broccolien i sidste øjeblik.

91. Laks med grillede løg

GØR 8 TIL 10 SERVERINGER

ingredienser

- 2 kopper hårdttræflis, gennemblødt i vand
- 1 stor side opdrættet norsk laks (ca. 3 pund), stiftben fjernet
- 3 kopper Smoking Brine, lavet med vodka
- ¾ kop Rygende Rub
- 1 spsk tørret dildukrudt
- 1 tsk løgpulver
- 2 store rødløg, skåret i -tommer tykke runder
- ¾ kop ekstra jomfru olivenolie 1 bundt frisk dild
- Finrevet skal af 1 citron 1 fed hvidløg, hakket
- Groft salt og kværnet sort peber

Vejbeskrivelse

a) Læg laksen i en jumbo (2-gallon) lynlåspose. Hvis du kun har 1-gallons poser, så skær fisken i to og brug to poser. Tilsæt saltlage til posen/poserne, tryk luften ud og forsegl. Stil på køl i 3 til 4 timer.

b) Bland alt undtagen 1 spsk af rub med den tørrede dild og løgpulver og sæt til side. Læg løgskiverne i blød i isvand. Opvarm en grill til indirekte lav varme, omkring 225iF, med røg. Dræn træfliserne og kom dem på grillen.

c) Fjern laksen fra saltlagen og dup tør med køkkenrulle. Kassér saltlagen. Beklæd fisken med 1 spsk af olien og drys den kødfulde side med rub, der har tørret dild i den.

d) Løft løgene fra isvandet og dup dem tørre. Overtræk med 1 spsk af olien og drys med de resterende 1 spsk rub. Stil fisk og løg til side og hvile i 15 minutter.

e) Pensl grillristen og gnid godt med olie. Læg laksen med kødsiden nedad direkte over varmen og grill i 5 minutter, indtil overfladen er gyldenbrun. Brug en stor fiskespatel eller to almindelige spatler, vend fisken med skindsiden nedad og

placer den på grillristen væk fra ilden. Læg løgskiverne direkte over bålet.
f) Luk grillen og kog indtil laksen er fast på ydersiden, men ikke tør og spændstig i midten, cirka 25 minutter. Når den er færdig, vil fugt perle gennem overfladen, når fisken forsigtigt presses. Det må ikke flage helt under tryk.
g) Vend løgene én gang i løbet af stegetiden.
h)

92. Ceder planke laks

Serverer: 6

ingredienser

- 1 ubehandlet cedertræ planke (ca. 14" x 17" x 1/2")
- 1/2 kop italiensk dressing
- 1/4 kop hakket sol-tørrede tomater
- 1/4 kop hakket frisk basilikum
- 1 (2-pund) laksefilet (1 tomme tyk), skindet fjernet

Vejbeskrivelse

a) Nedsænk cedertræsplanken fuldstændigt i vand, og læg en vægt ovenpå for at holde den helt dækket. Læg i blød mindst 1 time.
b) Forvarm grillen til medium-høj varme.
c) I en lille skål kombineres dressing, sol-tørrede tomater og basilikum; sæt til side.
d) Fjern planken fra vandet. Læg laks på planke; læg på grillen og luk låget. Grill 10 minutter og pensl derefter laksen

med dressingblandingen. Luk låget og grill 10 minutter mere, eller indtil laksen let flager med en gaffel.

93. Røget hvidløgslaks

Serverer 4

ingredienser

- 1 1/2 lbs. laksefilet
- salt og peber efter smag 3 fed hvidløg, hakket
- 1 kvist frisk dild, hakket 5 skiver citron
- 5 kviste frisk dild
- 2 grønne løg, hakket

Vejbeskrivelse

a) Forbered ryger til 250 ° F.
b) Spray to store stykker aluminiumsfolie med madlavningsspray.
c) Læg laksefilet oven på det ene stykke folie. Drys laks med salt, peber, hvidløg og hakket dild. Arranger citronskiver ovenpå fileten og læg en kvist dild oven på hver citronskive. Drys filet med grønne løg.
d) Ryg i cirka 45 minutter.

94. Grillet laks med friske ferskner

Portioner: 6 portioner

ingredienser

- 6 laksefileter, 1 tomme tykke
- 1 stor dåse fersken i skiver, lys sirupsort
- 2 spsk hvidt sukker
- 2 spsk let sojasovs
- 2 spsk dijonsennep
- 2 spsk usaltet smør
- 1 1-tommers frisk ingefærknop, revet
- 1 spsk olivenolie, ekstra jomfru variant
- Salt og peber efter smag
- Friskhakket koriander

Rutevejledning:

a) Dræn de skivede ferskner og gem omkring 2 spiseskefulde lys sirup. Skær ferskerne i mundrette stykker.

b) Læg laksefileterne i et stort ovnfast fad.

c) I en mellemstor gryde tilsættes den reserverede ferskensirup, hvidt sukker, sojasauce, dijonsennep, smør, olivenolie og ingefær. Fortsæt med at røre ved svag varme, indtil blandingen tykner en smule. Tilsæt salt og peber efter smag.

d) Sluk for varmen og fordel lidt af blandingen i laksefileterne generøst ved at bruge en drypningspensel.

e) Kom de skivede ferskner i gryden og dæk dem grundigt med glasuren. Hæld de glaserede ferskner over laksen og fordel jævnt.

f) Bag laksen i omkring 10-15 minutter ved 420F. Hold godt øje med laksen, så retten ikke brænder på.

g) Drys lidt friskhakket koriander før servering.

95. Røget laks og flødeost på toast

Portioner: 5 portioner

ingredienser

- 8 franske baguette- eller rugbrødsskiver
- ½ kop flødeost, blødgjort
- 2 spsk hvidløg, skåret i tynde skiver
- 1 kop røget laks, skåret i skiver
- ¼ kop smør, usaltet variant
- ½ tsk italiensk krydderi
- Dildblade, finthakket
- Salt og peber efter smag

Rutevejledning:

a) Smelt smør i en lille stegepande og tilsæt gradvist italiensk krydderi. Fordel blandingen i brødskiverne.

b) Rist dem i et par minutter ved at bruge en brødrister.

c) Fordel lidt flødeost på det ristede brød. Top derefter med røget laks og tynde skiver rødløg. Gentag processen indtil alle de ristede brødskiver er brugt.

d) Overfør til et serveringsfad og pynt finthakkede dildblade ovenpå.

96. Ingefær grillet laksesalat

Udbytte: 4 portioner

ingredienser

- ¼ kop fedtfri yoghurt
- 2 spsk finthakket frisk ingefær
- 2 fed hvidløg, finthakket
- 2 spsk Frisk limesaft
- 1 spsk Friskrevet limeskal
- 1 spsk honning
- 1 spsk rapsolie
- ½ tsk salt
- ½ tsk Friskkværnet sort peber
- 1¼ pund laksefilet, 1 tomme tyk, skåret i 4 stykker, skind på, stiftben fjernet
- Brøndkarse og syltet ingefærsalat
- Limebåde til pynt

Rutevejledning:

a) I en lille skål piskes yoghurt, ingefær, hvidløg, limesaft, limeskal, honning, olie, salt og peber sammen.

b) Læg laksen i et lavvandet glasfad og hæld marinade over det, og vend laksen til at dække på alle sider. Dæk til og mariner i køleskabet i 20 til 30 minutter, vend en eller to gange.

c) Forbered i mellemtiden en kulild eller forvarm en gasgrill. (Brug ikke en grillpande, laksen sætter sig fast.) 3. Beklæd grillristen med olie med en langskaftet grillbørste.

d) Læg laksen med skindsiden opad på grillen. Kog i 5 minutter. Brug 2 metalspatler, vend forsigtigt laksestykkerne og kog lige indtil de er uigennemsigtige i midten, 4 til 6 minutter længere. Fjern laksen fra grillen med 2 spatler. Slip huden af.

e) Vend brøndkarsesalat med dressing og fordel på 4 tallerkener. Top med et stykke grillet laks. Pynt med limebåde. Server straks.

97. Grillet laks med fennikelsalat

Udbytte: 2 portioner

Ingrediens

- 2 140 g laksefileter
- 1 fennikel; fint skåret
- ½ pære; fint skåret
- Et par stykker valnødder
- 1 knivspids knust kardemommefrø
- 1 appelsin; segmenteret, juice
- 1 bundt koriander; hakket
- 50 gram Let fromage frais
- 1 Knip pulveriseret kanel
- Flagret stensalt og stødt sort peber

Rutevejledning:

a) Krydr laksen med salt og peber og grill under grillen.

b) Bland pæren med fennikel og smag til med rigeligt sort peber, kardemomme og valnødder.

c) Blend appelsinsaft og -skal med fromage frais og tilsæt lidt kanel. Læg en bunke fennikel i midten af tallerkenen og snør laksen ovenpå. Pynt ydersiden af tallerkenen med appelsinsegmenter og dryp med orange fromage frais.

d) Fennikel reducerer alkoholens toksinvirkninger i kroppen og er en god fordøjelse.

98. Grillet laks med kartoffel og brøndkarse

Udbytte: 6 portioner

Ingrediens

- 3 pund Lille rød tyndhudet
- Kartofler
- 1 kop rødløg i tynde skiver
- 1 kop krydret riseddike
- Omkring 1/2-pund brøndkarse
- Skyllet og sprødt
- 1 laksefilet, ca. 2 lbs.
- 1 spsk sojasovs
- 1 spsk Fast pakket brun farin
- 2 kopper Alder eller mesquite flis
- Opblødt i vand
- Salt

Rutevejledning:

a) I en 5-til 6-quart gryde bringes omkring 2 liter vand i kog over høj varme; tilsæt kartofler. Dæk og lad det simre ved lav varme, indtil kartoflerne er møre, når de er gennemboret, 15 til 20 minutter. Dræn og afkøl.

b) Læg løgene i blød i cirka 15 minutter i koldt vand, så de dækker. Dræn og bland løg med riseddike. Skær kartofler i kvarte; tilføje til løg.

c) Klip de møre brøndkarsekviste fra stænglerne, og hak derefter nok af stænglerne fint til at lave ½ kop (kassér ekstramateriale eller gem til anden brug). Bland hakkede stængler på et stort ovalt fad med kartoffelsalat ved siden af; dæk til og opbevar køligt. Skyl laks og dup tør. Læg med skindsiden nedad på et stykke kraftig folie. Skær folie til at følge fiskens konturer, efterlad en 1-tommers kant.

d) Krymp kanterne af folien for at passe op mod kanten af fisken. Bland sojasauce med farin og pensl på laksefileten.

e) Læg fisken på midten af grillen, ikke over kul eller ild. Dæk grillen til (åbne ventilationsåbninger til trækul) og kog, indtil fisken næsten ikke er uigennemsigtig i den tykkeste del (skåret for at prøve), 15 til 20 minutter. Overfør fisk til fad med salat. Tilsæt salt efter smag. Serveres varm eller kold.

SVÆRDFISK

99. Mandarin sesam sværdfisk

Serverer: 4

Ingrediens

- 1/2 kop frisk appelsinjuice
- 2 spsk sojasovs
- 2 tsk sesamolie
- 2 tsk revet frisk ingefærrod
- 4 (6-ounce) sværdfisk bøffer
- 1 (11-ounce) kan mandarin appelsiner, drænet
- 1 spsk sesamfrø, ristet

Vejbeskrivelse

a) Kombiner appelsinjuice, sojasauce, sesamolie og ingefær i en stor genlukkelig plastikopbevaringspose; tilsæt fisk, forsegl posen og mariner i køleskabet i 30 minutter. Fjern fisken fra marinaden, gem marinaden.
b) Forvarm grillen til medium-høj varme.
c) Læg fisken på en olieret grillrist. Grill fisken 6 til 7 minutter på hver side, eller indtil den let flager med en gaffel.
d) Læg i mellemtiden reserveret marinade i en gryde og bring det i kog over høj varme. Lad koge indtil reduceret og

tyknet. Tilsæt mandarin og hæld over sværdfisk.
e) Drys med sesamfrø og server.

100. Krydrede sværdfiskbøffer

Ingrediens

- 4 (4 oz.) Sværdfiskbøffer
- 1/4 tsk cayenne, timian og oregano
- 2 spiseskefulde paprika
- 2 spsk Margarine eller smør (smeltet)
- 1/2 tsk salt, peber, løg og hvidløgspulver

Vejbeskrivelse

a) Til forret skæres sværdfiskebøfferne i små strimler. Til et måltid skal du lade sværdfiskbøfferne stå hele. Bland alle årstider sammen. Dyp fisken i smeltet smør. Smør begge sider med krydderier. Lægges på grillen.

b) Kog ca. 4 minutter; vend, og steg ca. 4 minutter mere, eller indtil fisken er fast og flaget. Giver 4 portioner.

KONKLUSION

Fisk og skaldyr er en af de højt handlede fødevarer, som leverer essentiel lokal mad og har en stor andel i økonomien i mange lande. Finnefisk og skaldyr er to hovedklasser af fiskene, som omfatter hvid fisk, olierige fisk, bløddyr og krebsdyr.

Fisk og skaldyr er blevet betragtet som en fremragende kilde til forskellige ernæringsmæssige forbindelser som proteiner, sunde fedtstoffer (flerumættede fedtsyrer især omega-3 og omega-6), jod, vitamin D, calcium osv., og disse forbindelser har forebyggende virkninger over for mange hjertesygdomme og autoimmune lidelser.

www.ingramcontent.com/pod-product-compliance
Lightning Source LLC
Chambersburg PA
CBHW070644120526
44590CB00013BA/839